最强大脑：小学生智力测验全书

张志通　主编

北京工艺美术出版社

图书在版编目（CIP）数据

最强大脑：小学生智力测验全书/张志通主编． — 北京：北京工艺美术出版社，2018.6
ISBN 978-7-5140-1341-2

Ⅰ.①最…　Ⅱ.①张…　Ⅲ.①智力测验－少儿读物
Ⅳ.①G449.4-49

中国版本图书馆CIP数据核字（2017）第174786号

出　版　人：陈高潮
责任编辑：赵震环
装帧设计：子　时
责任印制：宋朝晖

最强大脑——小学生智力测验全书

张志通　主编

出　　版	北京工艺美术出版社	
发　　行	北京美联京工图书有限公司	
地　　址	北京市朝阳区化工路甲18号 中国北京出版创意产业基地先导区	
邮　　编	100124	
电　　话	（010）84255105（总编室）	
	（010）64283627（编辑室）	
	（010）64280045（发　行）	
传　　真	（010）64280045/84255105	
网　　址	www.gmcbs.cn	
经　　销	全国新华书店	
印　　刷	北京中振源印务有限公司	
开　　本	720毫米×1020毫米　1/16	
印　　张	21	
版　　次	2018年6月第1版	
印　　次	2018年6月第1次印刷	
印　　数	1～5000	
书　　号	ISBN 978-7-5140-1341-2	
定　　价	56.00元	

　　"每个孩子都是天才"，都拥有无限的大脑潜能，然而这并不意味着每个孩子从出生后自然就成长为天才，孩子的智力潜能需要父母用心系统地去开发。让孩子做智力测验题是锻炼思维能力、观察能力、提升智力的最有效办法之一，可以使孩子的全脑智能得到最大限度的开发，帮助孩子以自己的方式主动探索，从而在游戏中自由、愉快、积极、主动地发展。

　　今天，全世界聪明的孩子都在做着各种各样有趣的智力测验题，无限地开拓自己的思维和潜能。在课余时间玩玩拼图形、移火柴、摆棋子、填数字和画线、推理、想象、计算等各种游戏，既能玩得开心，又能受到有益的启迪；既能把课堂上学到的知识运用到游戏当中，又能使课堂上学到的知识得到相应的补充。在游戏的过程中，你需要大胆地设想、判断与推测，需要尽量发挥想象力，突破固有的思维模式，多角度、多层次地审视问题，将所有线索纳入你的思考。通过完成书中的游戏，你会发现自己的思维能力得到了全面的开发，观察分析力、想象创造力、注意记忆力等各方面都得到了极大的提升。

　　不想陷入枯燥的题海中，希望"边玩边学"的小朋友们快翻开这本书吧！书中选了近500道世界经典智力测验题，将适合小学生的各类智力测验题目一网打尽，包括数字游戏、图形游戏、观察分析游戏、逻辑与推理游戏、文字游戏，分角度培养和提高小学生的各项能力，如空间感知、图形辨识、创造想象、逻辑推理、比较归纳、观察判断、语言、记忆、专注等。一个个精心设计的智力游戏题，能充分调动孩子的脑细胞活力，帮助其清除思维障碍，改变思维定式，转换思维方式，开发深层潜能，让孩子在思考中收获快乐，越玩越聪明，越玩越开心！

　　书中设置的题目由易到难，能满足不同程度的学生的需要。此外，还穿插了一些趣味小插件，如"脑筋急转弯""益智笑话"及整页漫画等，充分调动学生的阅读兴趣。本书的参考答案不只告诉孩子最终的结果，还详细解析了答题过程，比同类图书更实用。全书运用生动的语言、可爱俏皮的插图与孩子们产生近距离的互动，让他们在解题的同时，IQ直线上涨，各种能力不断增强，同时还获得了审美的愉悦。

　　翻开本书，你即将开始一场头脑风暴，而合上书，你已经历了一次超值的智慧之旅。你更擅长哪一类智力游戏？谁更聪明呢？选几个智力测试题，大家快来比比看吧！

目录

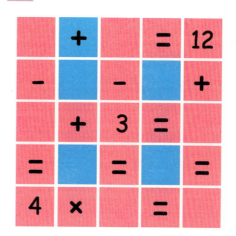

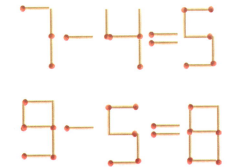

🌱 记忆力 …………… 67

🌱 空间想象力 ……… 76

Chapter 3 第三章

中级篇

Chapter 4 第四章 高级篇

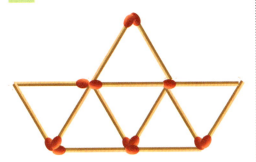

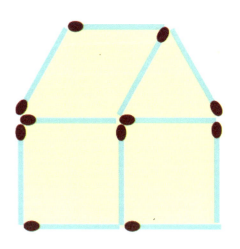

🌱 图形综合 ·············· 245

🌱 观察分析 ·············· 254

第一章

学会8种题型，轻松破解游戏

1. 抓住"题眼"

 经典游戏

最有可能的贼

珠宝店一颗贵重的钻石被人偷走了。现场没有留下任何可疑的指纹，唯一的线索就是小偷用尖利的东西划开了玻璃，然后偷走了里面的钻石。谁最有可能偷走钻石？

思路分析

第❶步

首先找题眼——现场没有留下任何可疑的指纹。

第❷步

那么小偷就可能是店里的售货员。小偷偷走了钻石，并用钻石划开了玻璃。小偷这样做是为了转移别人的视线，让人认为是外面的人做的。

参考答案

店里的售货员最有可能偷走钻石。

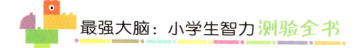

2. 逆向思考法

装橘子

　　奶奶让小洁帮忙把橘子分装在篮子里。奶奶给了她100个橘子，要求分装在6个篮子里，每只篮子里所装的橘子的个数都要含有数字6，你知道小洁是如何分装的吗？

思路分析

第**1**步

如果顺向思考，应该是想哪6个含有6的数字相加得100。

第**2**步

但这道题如果从结果来进行逆向思考，反而简单一些。要保证把100个橘子分装在6个篮子里，不多不少。100的个位是0，所以6个数的个位不能都是6，只能有5个6，即6×5＝30；又因为6个数的十位上的数字的和不能大于10，所以十位上最多有1个6；而个位照上面的分法已占去30个橘子了，所以十位上的数字的和不能大于7。

第**3**步

这样十位上还差1，把它补进去出现一个16。即：60、16、6、6、6、6。

6个篮子装的橘子数分别是60、16、6、6、6、6。

3.归纳推理和演绎推理

经典游戏

奇怪的镜子

　　张老先生喜欢收藏古玩，他没事就去外面转转，看看能淘到什么宝贝。这天，他看见一个年轻人拿着一面古铜镜在叫卖，镜子后面铸有"公元前四十二年造"的字样。张老先生一看便知是假的。你知道为什么吗？

思路分析

第①步

　　这道题可以通过演绎推理方法解答。中国古代并不使用公元纪年。

第②步

　　所以，那个时候根本不会有带"公元"字样的东西。

第③步

　　因此，这个古铜镜是假的。

参考答案

因为那个时代的东西上不可能出现"公元"一词。

4.仔细观察

经典游戏

图形上的号码

请你观察图形上的数字，找出规律，在没有数字的图形上写上正确的数字。

第❶步

先观察图中横排的数字。

○	9	○	7	6
10	9	○	○	6
○	7	6	○	4
5	○	3	○	○

第❷步

再观察图中竖排的数字。

○	9	○	7	6
10	9	○	○	6
○	7	6	○	4
5	○	3	○	○

第❸步

每一横排的数字都是按照从大到小的顺序依次排列。例如第一排应为10、9、8、7、6，依次类推。

⑩	9	⑧	7	6
10	9	⑧	⑦	6
⑧	7	6	⑤	4
5	④	3	②	①

9

5. 推导演算

经典游戏

小动物们聚会

请你推算出每只小动物代表的数字，并写在横线上。

🐱 + 🐷 + 🐥 = 20

🐥 + 🐰 − 🐶 = 15

🐶 + 🐶 = 36   🐮 + 🐮 = 6

🐰 − 🐮 = 19   🐷 + 🐮 = 7

🐱 = ___   🐰 = ___   🐮 = ___

🐥 = ___   🐶 = ___   🐷 = ___

第❶步

先找出只有一种动物的等式。两只小狗等于36，那么一只小狗等于18；两头小牛等于6，那么一头小牛等于3。

$$🐶 = 18$$
$$🐮 = 3$$

第❷步

再找出只有两种动物的等式，也就是最下面一排的等式，因为一头小牛等于3，所以一只小兔等于22；同理，一只小猪等于4。

$$🐰 - 3 = 19$$
$$🐰 = 22$$
$$🐷 + 3 = 7$$
$$🐷 = 4$$

第❸步

最后找出有三种动物的等式，因为前面已知小狗等于18，小牛等于3，小兔等于22，小猪等于4，所以小鸡等于11，小猫等于5。

$$🐤 + 22 - 18 = 15$$
$$🐤 = 11$$
$$🐱 + 4 + 11 = 20$$
$$🐱 = 5$$

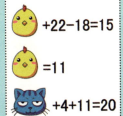

 参考答案

答案如图

🐱 = 5　　🐰 = 22　　🐮 = 3

🐥 = 11　　🐶 = 18　　🐷 = 4

6.巧用假设

经典游戏

兔子和鸡

兔子和鸡共有8只，有22只脚，问鸡、兔各有几只？

第❶步

假设8只全是兔子，相应的脚的总数就是32只，与实际相差10只。

第❷步

会多出脚来，是因为每把一只鸡当作一只兔子，就会多算2只脚，即把（10÷2）只鸡当成了兔，由此可推算出鸡有5只，兔子有3只。公式为：鸡的只数=（兔脚数×总只数－总脚数）÷（兔脚数－鸡脚数）

第❸步

假设8只全是鸡，可以写成以下关系式：兔的只数=（总脚数－鸡脚数×总只数）÷（兔脚数－鸡脚数）。也可以得出答案。

兔子3只，鸡有5只。

7.图形转换

两个完全相同的图形

　　在下图中，去掉6根火柴棍，使它变成两个完全相同的图形的组合。

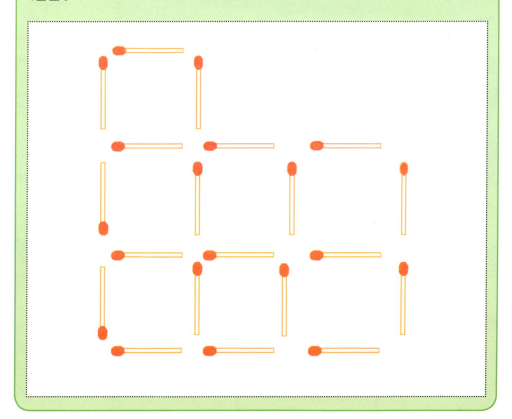

第❶步

通过观察，我们发现，上图的面积等于7个边长为1根火柴棍长度的小正方形的面积之和。

第❷步

要达到题目的要求，必须去掉一个小正方形，使剩下的部分可以划分为两个面积等于3个小正方形面积的图形。

第❸步

去掉下图中虚线所示的火柴棍即可。

参考答案

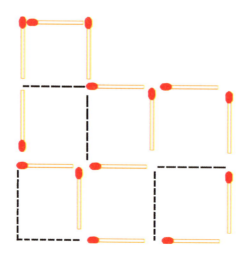

8.巧解文字

"青"变"春"

用12根火柴不仅可拼图形，而且还可摆成1个"青"字。可是，如果移动其中的两根火柴，"青"字就会变成"春"字。想一想，怎么移才能让它们之间互变？

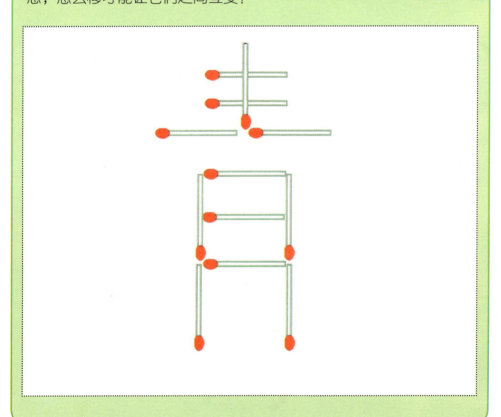

思路分析

第❶步

　　首先分析"青"字和"春"字的结构，找出它们的异同之处，它们的不同之处就是要移动之处。

第❷步

　　通过分析字体构造发现，"青"字的上半部分比"春"字少了一撇一捺，而下半部分则比"春"字多了两竖。

第❸步

　　如下图所示，把"青"多出的两竖移到"春"字少的两笔处，"春"字就出来了。

参考答案

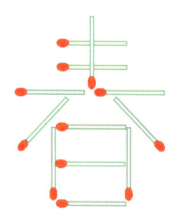

第二章

初级篇

1 不成立的等式

在每个等式中移动1根火柴棍，使等式成立。

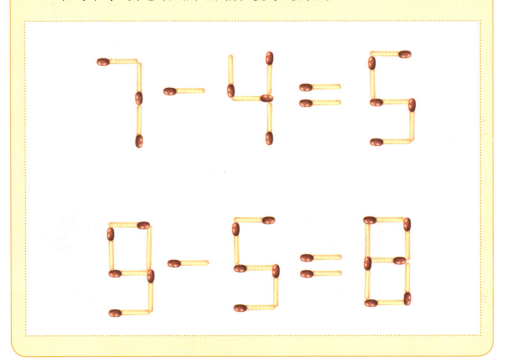

2 破译密码

　　小熊和小猴各有一个保险柜，保险柜的密码都是三位数，请根据提示破译密码，把密码写在"□"里。

我的密码是三个相同的数字，它们相加等于9

我的密码是三个连续的数，相加也等于9

3 数字游戏

　　请你在下面的9个方格里写上0、1、2、3、4，使每个箭头所指方向的数字相加都等于6，快来试一试（数字可以重复使用）。

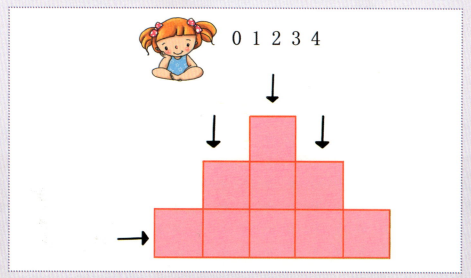

4 买东西

小花猫要用20元钱买东西，它最多可以买哪几样东西？

9 元　35 元　12 元

75 元　6 元　5 元

　　一个人被蒙上眼睛，手持猎枪，先向后转走10步，再向左转走10步，结果一枪就打中了一顶悬挂的帽子，这是怎么回事？

答案：帽子挂在他自己的枪口上。

5 小动物的车牌号

仔细读一读图中的提示，把其他动物的车牌号码写在"□□□□□"里。

我的车牌号有一个数字和小熊的车牌号不同，我的第二个数字是8。

我的车牌号上的数字和小熊的一模一样，但是顺序刚好相反。

654321

我的车牌号有一个数字和小熊的车牌号不同，我的第一个数字是7。

我的车牌号只有第四个数字和小熊的车牌号不同，比它的第四个数字大1。

6 八戒的难题

猪八戒找不到双数了，请你帮忙找一找，并用笔圈出来。

7 太阳、月亮、星星的聚会

根据算式，写出每个图形代表的数字。

$$☀ + 🌙 = 40$$

$$22 - ☀ = 1 \qquad ☀ + ☆ = 35$$

$$☆ =$$

$$🌙 =$$

$$☀ =$$

8 小金鱼连线

数一数，连一连。

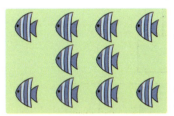

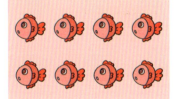

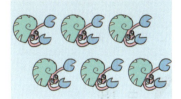

大于4
小于7

大于9
小于12

大于7
小于9

9 填数

根据图例，在空白的方块上写上数。

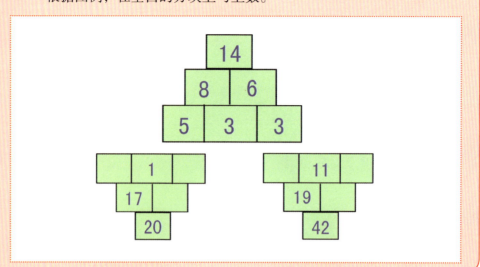

10 蔬菜数字

根据图意推断出每个蔬菜代表的数字，并写下来。

11 小猫咪过河

小猫咪必须踩着得数为16的石头才能到对岸，那么它应该怎么走呢？

12 比比看

一头大象和几头猪一样重？

13 玩具的价格

请你按照下面的价格关系，为每件玩具选择正确的价格，并且连在一起。

| 20元 | 9元 | 12元 | 15元 | 8元 | 13元 |

14 奇怪的生日

有位老人家，两天前是107岁，今天是108岁，今年过生日的时候就是109岁了，而明年过生日时将是110岁。

这在现实生活中可能发生吗？如果可能的话，今天是几月几号，老人的生日又是几月几号？

15 小猴回家

小猴子只有沿着得数大于20的路线走才能到家，请你帮它画出行走的路线。

11+8　9+10　12+9

14+10

10+11

17+5

12+13

10+4

9+3　16+3　15+4

16 小鸭子找妈妈

小鸭身上算式的结果等于鸭妈妈身上的数字，请你为小鸭找到各自的妈妈吧！

17 高高的城堡

小朋友们在用积木建城堡,请你按照城堡由高到低的顺序，奖励他们数量由多到少的糖果，并把他们和奖励的糖果连起来。

18 保险箱

　　每个小动物都有一个保险箱，你知道它们的密码吗？请你根据左边的算式推算一下，并把正确的密码与小动物连起来。

19 分鱼吃

　　每种动物吃不同数量的鱼，请你根据这种关系，判断出下面这些动物组合起来各需要吃多少条鱼，并与左侧的数字连起来。

20 做错的作业题

下面是老师留的作业题，有一道题做错了，请你把它用"○"圈出来，然后把这道题的正确答案写在下面的方框里吧！

```
  19      20      11
- 11    - 12    +  9
────    ────    ────
   8       8      13


  11      20      10
+ 11    -  9    + 11
────    ────    ────
  22      11      21
```

21 算一算

请你从1、2、3、4、5、6、7、8、9、10中选出9个数填在"○"里，组成三道算式。每个数只能用一次哦！

○ + ○ = ○

○ + ○ = ○

○ + ○ = ○

22 方框内填数

下面的方框要求每一行每一列若有3个数，则相加后得数都相同。如图所示，你试着在下边的方框里填一填吧！

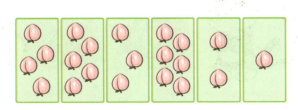

23 小猴分桃

小猴子最喜欢吃桃子了。饲养员拿了很多桃子，准备轮流给每只猴子各分两筐。如果使每只猴子分得的桃子一样多，应该怎样分呢？请你用线连一连吧！

语言能力

1 它们什么样

下面的形容词形容哪个动物最适合？请你选一选。

凶猛的　胆小的　顽皮的　美丽的　懒惰的

益智笑话

李老师看完苗苗的作文后，对苗苗说："看着你的作文，怎么老想打瞌睡呢？"苗苗眨巴着眼睛说："那是因为我的作文是我一边打着哈欠，一边写的呀！"

2 小羊过河

请你根据图画和提示，把故事讲完整。

小黑羊住在桥东，小白羊住在桥西。有一天，小黑羊和小白羊都想到河对岸去，它们同时走上了小桥。小桥太窄了，一次只能通过它们中的一个……结果会是怎么样的呢？

老师给学生们布置了一篇作文，题目是"什么是懒惰"。

课后，当老师批改杰克的作文时，发现他的作文的第一页、第二页上一个字也没有，直到第三页老师才看到一句话："这就是懒惰！"

3 还缺什么字

先观察图片，然后将词语中缺少的字填上。

米
电 □ 锅

飞
电视 □

泪 □ 果

电
溜 □ 鞋
箱

4 表扬和批评

请小朋友分别将与"表扬"和"批评"相关的苹果和对应的篮子连起来。

乖巧　任性　善良　霸道　可爱　小气　胆小

表扬　批评

5 美丽的家

请你用"……是……的家"的句式描述图中的景色。

6 认一认数量词

请将下列物品和对应的数量词连一连。

三只　　一张　　一把　　一条　　一匹

一件　　一头　　一顶　　一双　　一台

7 小猫和小猪

每幅图下面都有几个词，请你根据图画的意思，把它们编成一个完整的句子吧！

不小心 书 弄坏了 小猪 把

成了 和 小猫 小猪 好朋友

借给 小猪 书 小猫 一本

8 农场里的小动物

农场里的动物们都在做什么呢？说一说，并把下面的句子补充完整。

小牛在

小狗在

鸭子们在

小猪在

9 小鱼的眼泪

请你试着说一说图画中所表达的意思。

10 昨天、今天和明天

请仔细看图，把"昨天""今天""明天"三个词语填在恰当的句子里。

_____吃比萨了。

_____正在吃比萨。

_____还要吃比萨。

_____下雨了。

_____天晴了。

_____要下雪。

11 连成一句话

把下面每组词语连成一句话，写在下面的横线上。

_____

_____

12 象形字

请把图片和相应的象形字连起来。

13 小狗的故事

根据三个小图中的情景编一个故事，再给故事想一个合理的结局。

脑筋急转弯

老鼠对鸭子说自己能在河上走10分钟而不沉入水中，请问它是怎么做到的？

答案：走结冰的河面上。

14 找相反

　　请仔细观察下面的图，找出与它们表达意思相反的图，并将它们连在一起。

15 中国的传统节日

下面两幅图画分别描述了哪个传统节日呢?

16 词语接龙

小朋友,你玩过接龙游戏吗?就是从上到下,让事物名称的首尾字发音一致。例如:"山羊"后面可以接"羊角"。下面就请你按照这个规则接接看吧!

上	上学	学校			

春					

17 小兔拔萝卜

小朋友，请你看图给爸爸妈妈讲故事。

18 生病的小明

仔细观察下面的这四幅图，在"○"里写上正确的数字序号，再按照顺序讲一讲这个故事。

19 词语对对碰

请你读一读下面的词语，并将词语连线。

火红的

长长的

寒冷的

美丽的

嫩绿的

明亮的

太阳

花

尾巴

冬天

教室

小草

脑筋急转弯

小蛇为什么非常慌张地问大蛇："我们有没有毒？"

答案：小蛇不小心咬到自己的舌头了。

20 看图写成语

下面两个小朋友都在画画，可是他们的态度却很不一样，你能分别用一个成语来形容他们吗？

（　　）心（　　）意　　　　（　　）心（　　）意

21 小鱼

两条小鱼在说话，请你把下面泡泡里的拼音连成一句话，就知道它们在说什么啦！

22 分类

按照下面各题的要求写出答案。

（1）请在各组词语中找出1个与其他4个不属于同一类的词语，用"○"标记出来。

 脏　摸　看　听　闻

苦　甜　咸　哭　酸

（2）请在各组词语中找出1个与其他4个意思相反的词语，用"○"圈出来。

 爬　停　跑　走　滚

脱　披　戴　穿　围

23 巧接词语

做做下面的词语接龙游戏，请你从"天气"开始写到"果冻"结束，把正确的词语写到空白处吧！

观察注意力

1 排排队，找规律

有些方格里的图案不见了，请你根据排列规律，在空白处画出正确的图案。

2 太阳的位置

请根据小动物的影子判断太阳的位置，并将位置正确的太阳画出来。

3 小小实验室

请根据要求，从框里圈出正确的物品。

（1）请圈出可以被磁铁吸引的物品。

（2）请圈出可以在水中浮起来的物品。

4 去哪里摘果子

看看下面的水果，你知道它们是从哪里摘下的吗？请你来连一连。

5 鼹鼠的地道

比一比，哪条地道最长？把它们按从长到短的顺序排序，将序号写在括号内。

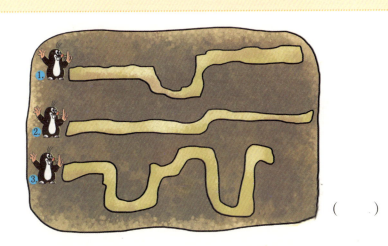

（　　　）

6 谁先到

两个小朋友走路的速度一样快，那谁会先到小屋呢？

7 谁最重

每组中图上亮红灯的小朋友体重重一些，请通过四次比较找出最重的小朋友。

8 用了什么工具

哪些工具能使左图中的事物发生右图的变化？请把工具和相应的图连接起来。

9 春天到了

请用30秒时间，认真观察和记忆左面的图，然后看右图。请找出左图中出现过的事物，并给它们画上圈。

10 小猫的影子

小花猫在湖边树下睡觉，请你找出小花猫的倒影，用圆圈圈出来。

11 找不同

仔细观察，找出下图和上图的不同之处，用圆圈圈出来。

12 不同的一项

每组图中都有一幅和其他图片性质不同的图，请你把它圈出来。

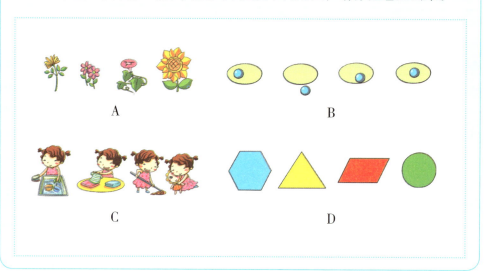

A

B

C

D

13 这是几月发生的事

下面这些图片中的事物都出现在几月？连一连吧！

14 找错误

粗心的小女孩画了一幅画，但是画中出了5处错误，你能找出它们吗？

15 抓小偷

厨房里有五只老鼠正在偷东西，你能帮猫警长找出它们吗？

16 圈一圈，找一找

请你按要求找出答案。

圈出必须去皮才能吃的水果。

圈出既不是植物也不是动物的一项。

圈出能装水的容器。

圈出所有的交通工具。

脑筋急转弯

方方只学习了半个月英语就能毫无困难地和英国人交流，这是为什么？

答案：方方就是英国人。

17 小动物共同的家

　　大树是许多小动物们共同的家，请你仔细观察下面的图，回答下面的问题。

　　树上有（　　）只动物；树洞里的动物是（　　）；在空中飞行的动物是（　　）和（　　）；图中共有（　　）只动物。

益智笑话

　　小亮在作文中写道："星期六的上午，我一个人在路上，伸着脖子缩着颈，浩浩荡荡地走着。"

　　老师批道："试试看。"

18 小猴和小狗

下图的四个剪影，哪一个才是正确的呢？请猜猜看。

A　　　B

C　　　D

19 哪个与众不同

请你从下面每组图中找出与众不同的那一个，用"○"圈起来吧！

20 修围墙

小明家的围墙坏了，小明要用多少块砖才能把墙砌好呢？

（　）块

21 树桩的年轮

哪个树桩的年龄最大，请你画上"√"。

A   B   C   D

22 镜子里的世界

贝贝在上面的图下方放了一面镜子，然后在下面画出了上面的图在镜子中的样子，但有5处错误，请在下面的图中用"○"标记出来。

23 小青蛙过桥

小竹桥，摇啊摇，青蛙哥哥想要走过桥。他该走哪条路才能最快地赶到青蛙妹妹的家呢？

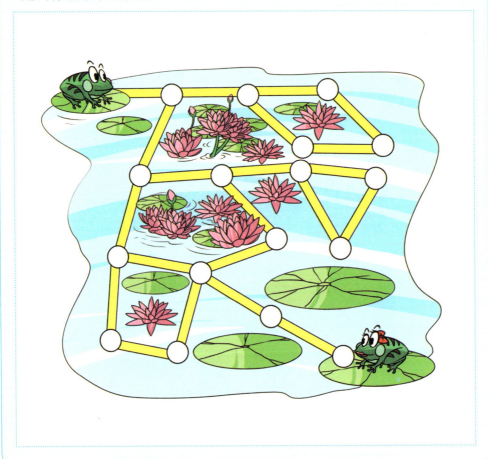

脑筋急转弯

小猪去参加森林大会，途经一条有鳄鱼的河，为什么小猪却顺利地过河了？

答案：因为每只鳄鱼都参加森林大会去了。

最安全的位置

船漏水了!

减少人数!

600名海盗站成一排。

报数!把报到奇数的人扔下海!

我得站在一个最安全的位置上。

第一轮被扔下船的是报1、3、5……599的人。

耶!

第二轮被丢下船的是第一轮报2、6、10……598的人。

我又安全了!

就这样，一直到最后，聪明的海盗还是安然无恙。

你怎么会这么幸运？

我找到了最安全的位置。

哪里？

因为报奇数的会被丢下海，所以我选择600中2的最大的几次方那个数就可以了，那个数就是512。

我还是要把你丢下海！

为什么？！

现在你是1，是奇数了！

救命啊！

记忆力

1 找照片

图中有好多小朋友的照片，请你花5秒钟记住小红、小明、小丽的模样，然后把小红、小明、小丽的照片找出来，分别做上不同的标记。

小红　　　　小明　　　　小丽

益智笑话

作文本发回来了，阿光看后愤愤不平地说："为什么我会被打一个大叉？这太不公平了！都什么时代了，古人可以写光阴似箭，为什么我就不能写光阴似炮弹？"

2 去商店

妈妈让小朋友去商店买些东西回来。先听听妈妈是怎样说的，然后再看看下面的图，从中圈出妈妈要买的东西。

做菜用的辣椒和盐用完了，请帮妈妈买点回来，再给奶奶买一块蛋糕，给爸爸带一份报纸回来。谢谢你！

3 我的玩具架

木木的玩具架里有好多她喜欢的玩具。请你仔细观察图片20秒，然后合上书，尽可能多地说出你看到的玩具名称。

4 各有多少

请你在20秒内记住下面的图，然后将图遮住，你还记得各种水果的数量吗？

5 画得对吗

请你仔细听妈妈说这段话，再看下面的图，把不符合妈妈描述的地方圈出来。

妈妈：小雪人戴着一顶红色的帽子，围着一条黄色的围巾，可爱极了！仔细一瞧，哟，小雪人的鼻子是胡萝卜做的，眼睛是小黑豆做的，真有趣！

6 春天到

请小朋友先仔细听儿歌，然后再根据要求完成下面活动。

春天到，花儿开，小朋友们公园赏花来；梨花、杏花、迎春花、桃花、李花、水仙花。

下面哪些花在儿歌中出现过？请圈出来。

下面哪一种花是儿歌中没有的？请把它圈出来。

7 什么东西不见了

请仔细看看图①有什么，然后盖住图①，在图②中找一找少了什么？最后在图③中圈出来。

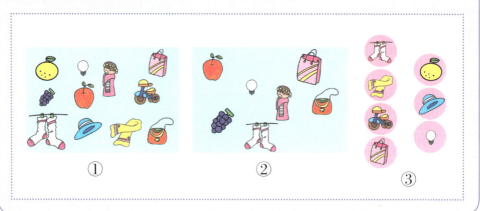

8 厨房里

这是明明家的小厨房，请你仔细观察图画，30秒后盖住图画，回忆一下图中出现过哪些物品。

9 苹果在哪里

仔细观察上图，然后遮住，说一说苹果在哪里出现过？

10 记住小动物们的位置

请小朋友观察上图，记住每个动物的位置，再根据下图中与动物位置相应的圆点，在右侧动物旁边的圈里涂上对应的颜色。

11 熊爸爸与小熊

仔细观察下面两张图，找出下图比上图少了什么。

12 哪个是多余的

四幅小图能拼成一幅大图，请你仔细观察10秒钟后把大图遮住，然后把多余的一幅小图找出来。

13 找毛毛

认真听妈妈讲故事，并将内容记下来，然后用"○"表示出哪个是毛毛。

毛毛是个非常调皮的小男孩，他戴着帽子，穿着黄色T恤衫，绿色短裤，拍着球走过来了。

14 看电影

小动物们一起去看电影，请仔细听猫老师说的话，然后给小动物们找到正确的位置，并用线连一连吧！

请小兔坐在从右边起第一个位置，小青蛙坐在从右边起第二个位置，小老鼠坐在从左边起第一个位置，小鸟坐在从左边起第二个位置，小熊坐在大家的中间。

15 动物园

妹妹来到了动物园，许多动物都喜欢和她一起拍照呢！请你仔细观察20秒，然后合上书，将自己记住的动物名称说出来。

空间想象力

1 画一画

请你根据每张纸上的对折线，在另一侧画出对称图形。

2 它们的影子

把下列事物和它们的影子连起来。

3 找铅笔

找出每组中位于最下面的铅笔，画上"○"。

4 找图形

左面的图形水平翻转后，会变成哪个图形呢？请你选一选。

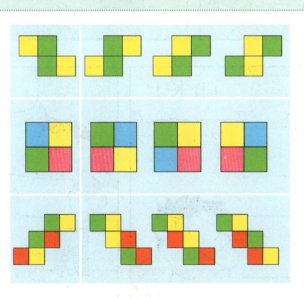

量一量就知道了。

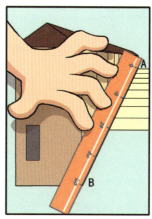

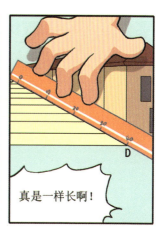

真是一样长啊！

看上去明明是CD长，而且长好多呢！

这是怎么回事？

这是视觉误差，是旁边那两排房子影响了你们的判断。

明明，来选根长的吃吧。

这两根冰棒一样长。

爸爸你可蒙不了他。

哈哈！

5 展开后的样子

图中的盒子展开后是什么样的呢？请你选出来。

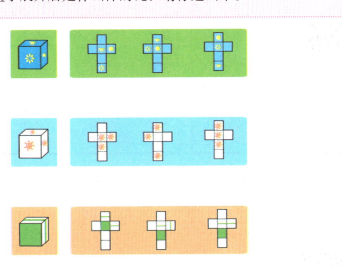

6 图形变变变

请你仔细想一想，下面这些小动物是由什么图形发展而来的呢？动手试一试，看你能画出些什么。

7 森林里

大森林是小动物的家，你喜欢哪种小动物？把它们画在图中的大森林里吧！

测验时小云所有的题目都答对，但她却没有得到满分，为什么？

答案：这次测验不是卷面测验。

8 找出影子

　　图中的物体打开后会变成什么样子呢？请从下图中找出它们打开后会呈现的影子，并用线连起来。

手机　　　　　书　　　　　贺卡　　　　　文具盒

9 捡足球

　　小朋友的球掉进了洞里，哪个工具能帮助他拿到球呢？

10 放大的图

下面的三个小图是大图中哪个部分放大的？你能找出来吗？

11 过河

小女孩想要过河，你能帮她想出什么办法吗？试着在图中画一画吧！

12 小蚂蚁和高跟鞋

小蚂蚁们在河边发现了一双高跟鞋，有的蚂蚁说可以做房子，有的蚂蚁说可以做小船，你说说可以做什么呢？

益智笑话

小丁写的作文：学校修了新房子，我们都感到成了新人。真喜欢那个大操场，至少可以容纳50头水牛。(老师批语："新人"有专门的意思，操场是给人活动用的，不是给牛修的。)

13 你能想到什么

请发挥你的想象力做出下面的练习吧！

从"白天"，我们可以想到"黑夜"。从"冷"，你想到了什么？

从"播种"，我们可以想到"收获"。从"吃雪糕"你想到了什么？

从"下雪"，我们可以想到"滑雪"。从"太阳"，你想到了什么？

益智笑话

一日上作文课时，老师让我们模仿课文《小蝌蚪找妈妈》写一篇作文。

有个同学作文的开头是这样写的："我妈妈有雪白的肚皮，鼓鼓的眼睛……"

14 太阳下的木桩

请仔细观察下面两幅图太阳的位置，正确地画出木桩的影子。

15 镜子里的数字

如图所示，在各个数字的下面放一面镜子，镜子里的数字会是什么样子的呢？请找出正确答案，并圈起来。

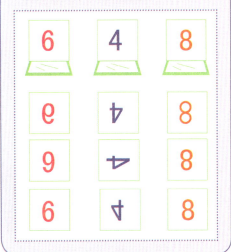

16 小朋友和积木

桌子上摆放着4块积木，4位小朋友从不同的方向看积木。哪位小朋友看到的积木的样子和图例完全相同呢？请用"○"标记出来。

图例

17 折叠的彩纸

　　左边是沿对称轴折叠的彩纸，如果将彩纸打开，会是什么图形呢？请在右边找出正确的图形，用○标记出来，并把对称轴画出来。

18 挡住的是什么

左图中的物品有一部分被挡住了，被挡住的部分是什么样子的呢？请从右边的图中找出正确的答案，并用"○"标记出来。

19 开环连铁链

有4段3个环连的铁链，要设法将它们连成一条长铁链，至少要开几个环？

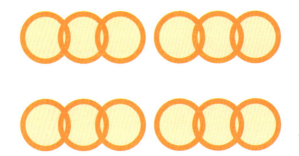

图形辨别能力

1 它们属于哪只动物

格子中的图案是某种动物身体的一部分，你能找出它们分别属于哪种动物吗？用线连一连。

脑筋急转弯

3个孩子问妈妈想要什么生日礼物，妈妈说只想要3个听话的孩子。可为什么孩子们都惊讶地大叫了起来？

答案：他们以为妈妈会有6个孩子了。

2　串风铃

请仔细观察下面的风铃，按照规律在空白处补画图形。

3　图形宝宝

　　各种图形可以拼凑成很多有趣的动物造型。看看下面的两张动物拼图，哪一张动物拼图需要的图形更多呢？请你把它圈出来。

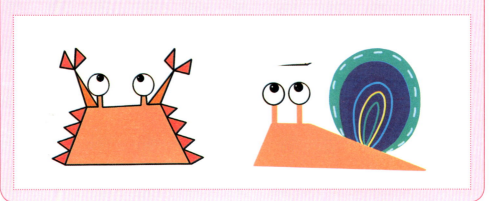

4 图形重叠

每组中的两幅图重叠在一起，会变成哪幅图呢？请在正确的图片旁边画"○"。

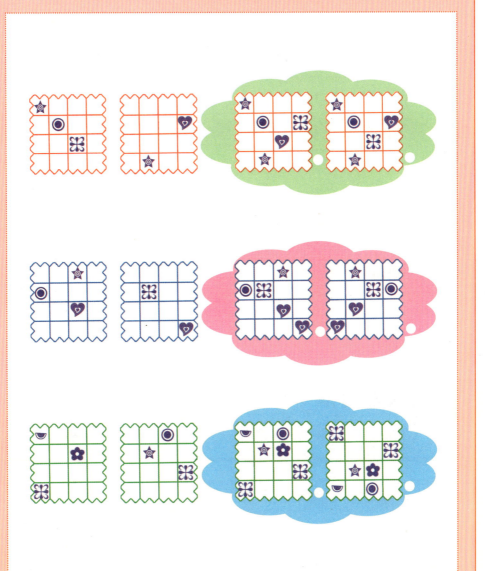

5 小猫找鱼

请你帮每只小猫画出找鱼的路线吧！

6 三角形排队

三角形是按规律排列的，请你按照规律在空白处接着画图形。

7 对称图形

把图中的图形按虚线对折后，两边会不会重合呢？请把不重合的图形圈出来。

8 打电话

哪两个小动物在通电话？把它们身边的圆圈涂上相同的颜色。

9 图形分割

请你把左右两边的图形配一配对，并连上线。

10 图形游戏

如图所示，请你在下面的每个图形里面画上一条线，使它变成2个三角形。

11 生日蛋糕

袋鼠请朋友吃生日蛋糕，数数一共有几个小动物？想一想，哪些蛋糕是四等分的？请画"○"。

12 寻找缺少的部分

　　下面图中左边的每个图形中间都少了一块儿，请你从右边找一找，哪一块是缺失的部分，用笔圈出来吧！

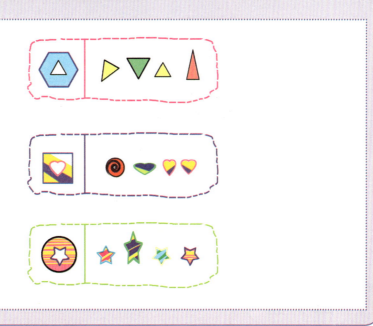

13 找相同的图案

　　下面的两个框内都有4个图案，请分别在各框中找出面积相同的一组图案，并圈出来。

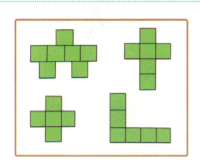
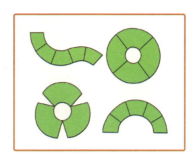

14 按规律画图

　　请你找出每组图案的变化规律，并按照规律在横线上画出接下来应该出现的图形，并涂上颜色。

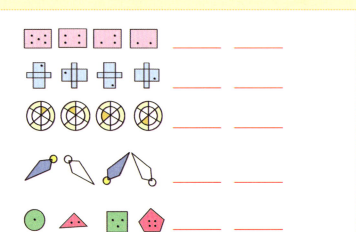

15 抓小偷

　　哪只老鼠偷走了小狗的骨头？请帮小狗画出抓小偷的路线吧！

16 海底世界

请你从下面的小图中找到大图缺少的部分，并把字母写在相应的位置上。

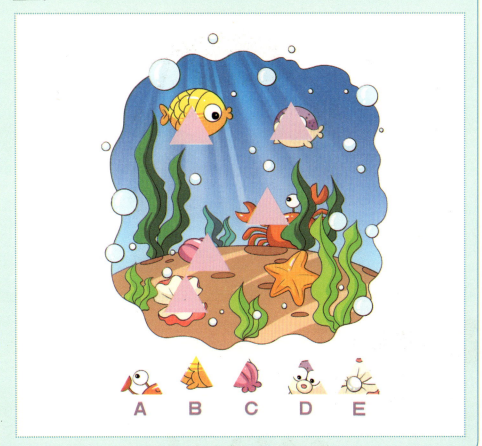

益智笑话

诚诚在写一篇介绍老师外貌的作文时，本应该写"老师有一张瓜子脸"，他却写成"老师有一张爪子脸"，当老师让他念作文的时候，全班同学都笑翻了。

17 小猪家里来客人

　　小猪家来了哪几位客人呢？请用"○"把它们圈出来吧。哪些客人已经离开了小猪家？请用"□"圈出来。

18 找图形

　　图中的小箭头是按规律排列的，方块里的小箭头应该朝着哪个方向呢？请你选出来并连一连。

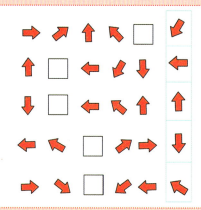

19 选择正确的图形

下面每组图形都是按照先后顺序摆出来的，请你想一想，空白处应该是什么图形呢？请你从最下面的选项中选出正确的图形吧！

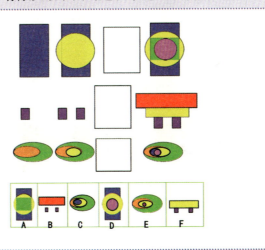

20 图形画

下面的图形画分别是由哪几种图形拼成的呢？请你从左侧找一找，把它们连起来吧！

21 我来分一分

下图有很多的物品，请你按照箱子上的分类标签给它们分类，然后用线把它们与相应的箱子连一连。

22 搭积木

要搭出下面的建筑，不需要哪些积木呢？请小朋友找出来，画上"○"吧。

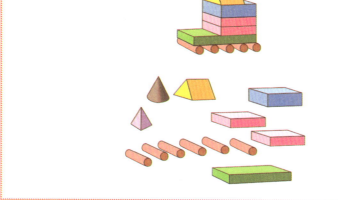

动手能力

1 大乌贼

按图那样折一折，剪一剪，剪出一个大乌贼。

2 选选涂涂

请选出每组中与其他不同类的一项，涂上你喜欢的颜色。

A

B

3 画图形

用哪个物体可以画出左边的图形？请把它圈起来。

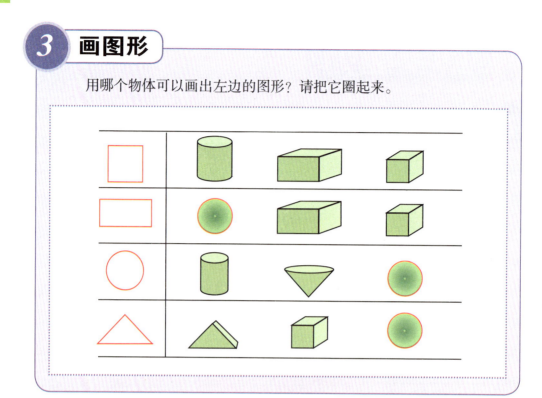

4 颠倒顺序

移动一根火柴棍，把火柴棍的排列顺序颠倒过来。

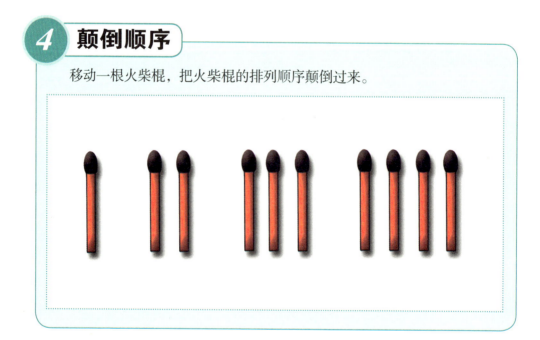

5 刷房子

兔宝宝看见小熊把房子粉刷得好漂亮，它想：我也要给房子刷上好看的颜色，不过可不能跟小熊的一样，请你来帮帮兔宝宝吧！

6 快乐的熊猫

请给下图涂上好看的颜色吧！

7 移动火柴棍

移动1根火柴，使下面的式子成立。

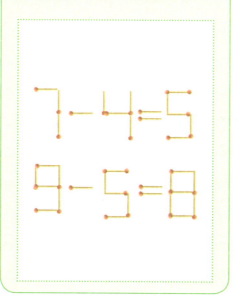

8 动手做一做

请你按照下面的图做一个漂亮的骰子吧！

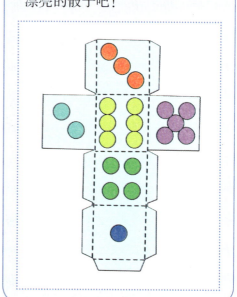

9 小闹钟

按时间提示，在闹钟上画上时针和分针。

10 填符号

请你照图那样，剪出一个小女孩。

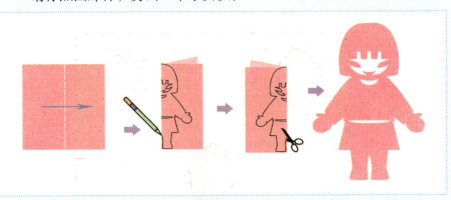

11 给妈妈的礼物

妈妈的生日快到了，小朋友来为妈妈设计一个漂亮的包吧！请你将包上的图案按规律画完。

12 分草莓

画一个"□"，将下图中的5个草莓彼此都隔开。

13 吃西瓜

看下面的图，猜猜接下来会发生什么。请你发挥想象力，把它画出来。

14 茂密的森林

按照图中的步骤试着做一做吧!

1.准备四张长方形的绿色卡纸,分别对折三次。

2.画出四种树的线条图案。

3.沿着线条剪下图案,展开,茂密的树林出现喽!

15 鸣蝉

请你照图那样折一折，折出一只蝉吧！

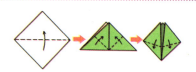

16 林荫小道

请给下面这两排树分别按照由远到近的顺序涂上红色、绿色、黄色吧！

第三章

中级篇

逻辑推理

1 猫捉老鼠的游戏

如果5只猫在5分钟内可以抓5只老鼠，那么，100分钟要抓100只老鼠，需要多少只猫？

益智笑话

一学生在写作文《幸福的童年》时，把"小时候，我经常骑在牛背上唱歌"错写成"小时候，牛经常骑在我背上唱歌"。老师看后说："那头牛的童年比你更幸福！"

2 爱吹捧的小朋友

有4个小朋友，在一起相互吹捧。

甲：4个人中乙最好看。

乙：4个人中丙最好看。

丙：我不是最好看的。

丁：甲比我好看，丙比甲好看。

假如4个人中只有1个人说假话，请问谁最好看，顺序是怎样的？

蒲丰试验

一天，法国数学家蒲丰邀请许多朋友到家里，做了一次试验。蒲丰在桌子上铺好一张大白纸，白纸上画满了等距离的平行线，他又拿出很多等长的小针，小针的长度都是平行线的一半。蒲丰说："请大家把这些小针往这张白纸上随便扔吧！"客人们按他说的做了。

蒲丰的统计结果是：大家共掷2 212次，其中小针与纸上平行线相交704次，2 212÷704≈3.142。蒲丰说："这个数是π的近似值。试验每次都会得到圆周率的近似值，而且投掷的次数越多，求出的圆周率近似值越精确。"这就是著名的"蒲丰试验"。

数学魔术家

1981年的一个夏日，印度举行了一场心算比赛。表演者是印度的一位37岁的妇女，她的名字叫沙贡塔娜。当天，她要以惊人的心算能力，与一台先进的电子计算机展开竞赛。

工作人员写出一个201位的大数，让求这个数的23次方根。运算结果是：沙贡塔娜只用了50秒钟就向观众报出了正确的答案；而计算机为了得出同样的答数，必须输入两万条指令再进行计算，花费的时间比沙贡塔娜要多得多。

这一奇闻，在国际上引起了轰动，沙贡塔娜被称为"数学魔术家"。

数字趣联

宋代大诗人苏东坡年轻时与几个学友进京考试。他们到达考试院时为时已晚。考官说："我出一联，你们若对得上，我就让你们进考场。"考官的上联是：一叶孤舟，坐了二三个学子，启用四桨五帆，经过六滩七湾，历尽八颠九簸，可叹十分来迟。

苏东坡对出的下联是：寒窗，进了八九家书院，了却七情六欲，苦读五经四书，考了三番两次，今日一定要中。

考官与苏东坡都将一至十这十个数字嵌入对联中，将读书人的艰辛与刻苦描写得淋漓尽致。

点错的小数点

学习数学不仅解题思路要正确,具体解题过程也不能出错,差之毫厘,往往失之千里。

美国芝加哥一个靠养老金生活的老太太，在医院施行一次小手术后回家。两星期后，她接到医院寄来的一张账单，款数是63 440美元。她看到偌大的数字，不禁大惊失色，心脏病猝发，倒地身亡。后来,有人向医院一核对，原来是电脑把小数点的位置放错了，实际上只需要付63.44美元。

点错一个小数点,竟要了一条人命。正如牛顿所说：在数学中,最微小的误差也不能忽略。

3 美丽的郁金香和兰花

郁金香和兰花是两种很美丽的花，美娜在花园里一共种了30朵郁金香和兰花，无论你摘下任何2朵花，都至少有1朵是郁金香，那么，你能判断出她种了多少朵兰花吗？

4 狮子的晚餐

狮子逮到了10只兔子，它只想把其中的1只作为晚餐，于是它让这10只兔子站成一排，然后从队首起，"一二一二"地报数，凡是报出"一"的都可以离开，最后，剩下的那只就是它的晚餐。那么，最后被狮子吃的兔子是哪一只？

5 不同的爱好

　　在一次宴会上，大家聊着自己的爱好。第一个男士说："韩小姐喜欢保龄球。"第二个先生说："我喜欢乒乓球，但我不是赵先生。"第三个女士说："有一个男士喜欢足球，但不是王先生。"第四个女士说："孙小姐喜欢羽毛球，但我不喜欢。"你能判断出他们分别喜欢什么吗？

6 4对兄弟

下面8个人是4对兄弟，请判断出哪些人分别是兄弟。

彼得（戴眼镜）："我的兄弟瑞克没留胡子。"

莱克斯（光头）："我的兄弟是伊恩。"

艾伦："我的兄弟是约翰。"

甲（有胡子）："我的兄弟是红头发。"

乙："我的兄弟没戴眼镜。"

丙没有说话。

丁（有胡子）："我是弗瑞德。"

7 小兔子买外套

　　小白兔、小黑兔、小灰兔一起上街各买了1件外套。3件外套的颜色分别是白色、黑色、灰色。

　　回家的路上，一只小兔说："我很久以前就想买件白外套，今天终于买到了！"说到这里，她好像发现了什么，惊喜地对同伴说："今天我们可真有意思，白兔没有买白外套，黑兔没有买黑外套，灰兔没有买灰外套。"

　　你能根据他们的话，猜出小白兔、小黑兔、小灰兔各买了什么颜色的外套？

8 迎春杯比赛

　　小青、小刚、小红3个学生参加迎春杯比赛，他们分别是来自汉县、沙镇、水乡的选手，并分别获得一、二、三等奖。现在知道的情况是：

　　（1）小青不是汉县选手。

　　（2）小刚不是沙镇选手。

　　（3）汉县的选手不是一等奖。

　　（4）沙镇的选手是二等奖。

　　（5）小刚不是三等奖。

　　根据上述情况，小红应该是什么选手，得了几等奖？

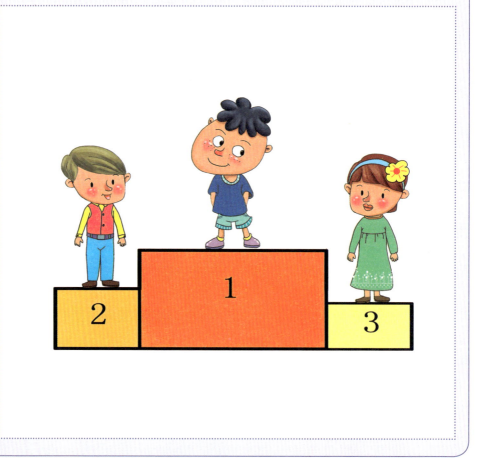

9 对矿石的观察和鉴别

某地质学院的学生对一种矿石进行观察和鉴别。

甲判断：不是铁，也不是锡。

乙判断：不是铁，而是锡。

丙判断：不是锡，而是铁。

丁经过化验后证明：有一个人的判断完全正确，有一个人说对了一半，而另一个人完全说错了。你知道3个人中谁是对的，谁是错的，谁只说对了一半吗？

芳芳的作文《我的老师》是这样写的："我的老师长得有点儿胖，头大大的，眼睛大大的，鼻子大大的，连嘴巴也是大大的……老师对人很和蔼，他戴着一副变色眼镜，就好比是一只大熊猫……"

10 同一颜色的果冻

你有一桶果冻，其中有黄色、绿色、红色3种，闭上眼睛抓取，至少抓取多少个就可以确定你手上肯定有至少2个同一颜色的果冻？

11 个子问题

小赵比小钱个子高，小孙比小李个子高，小李个子不如小周高，小钱和小周个子一样高。由此可以判断（　　　）。

A. 小孙比小周个子高　　　B. 小钱比小孙个子矮

C. 小孙比小赵个子高　　　D. 小赵比小李个子高

12 同一房间的4个人

　　住在某个旅馆同一房间的4个人A、B、C、D正在听一组流行音乐，她们当中有一个人在修指甲，一个人在写信，一个人躺在床上，另一个人在看书。

　　（1）A不在修指甲，也不在看书。

　　（2）B不躺在床上，也不在修指甲。

　　（3）如果A不躺在床上，那么D不在修指甲。

　　（4）C既不在看书，也不在修指甲。

　　（5）D不在看书，也不躺在床上。

她们各自在做什么呢？

脑筋急转弯

　　路边树上蹲着一只猴子，为什么司机小李看到后立刻停下车来？

答案：他把猴子的屁股误看成了红灯。

13 同一公寓的4个人

　　某天夜里，有一幢公寓里发生了一起枪击事件。住在这幢公寓里的4个人同时被枪声惊醒，都各自看了自家的钟，当警察赶到现场询问4个人时，他们分别做了如下回答：

　　"我听到枪声是12点08分。"

　　"不，是11点40分。"

　　"我记得是12点15分。"

　　"我的表是11点53分。"

　　4个人说的时间都不一样，因为他们的手表都不准。一个慢25分钟，一个快10分钟，一个快3分钟，一个慢12分钟。请问准确的作案时间到底是几点几分？

14 院中的石榴树

一天，妈妈让姐妹俩把院中石榴树上的石榴摘完。没用多大一会儿，姐妹俩就摘完了。妈妈问她们各摘了多少。妹妹说："如果姐姐给我10个，我俩摘的石榴一样多。"姐姐说："如果妹妹给我10个，我摘的石榴是她的2倍。"你知道院中石榴树上共有多少个石榴吗？

脑筋急转弯

一个和尚挑水喝，两个和尚抬水喝，三个和尚既不挑水也不抬水为什么也有水喝？

答案：有了自来水。

15 冤家夫妻

俗话说，不是冤家不聚头。有这么一对夫妻，他们已经35岁了。自从结婚的那天起，他们每天都要吵架一次，这个习惯从来没有改变过。但是，上个月他们只吵架了28次，而上上个月他们只吵架了15次，这可能吗？

16 城市天气预报

下面是济南、郑州、合肥、南京4个城市某日的天气预报。已知4个城市有3种天气情况，济南和合肥的天气相同。郑州和南京当天没有雨。你知道下面哪个推断是不正确的吗？

A.济南小雨　　　B.郑州多云

C.合肥晴　　　　D.南京晴

17 谁是谁

杰瑞总是说真话；凯特有时候说真话，有时候说假话；约翰总是说假话。那么，请问图中的3个人分别是谁呢？

18 问号处的扑克牌

问号处应该放上哪张扑克牌？

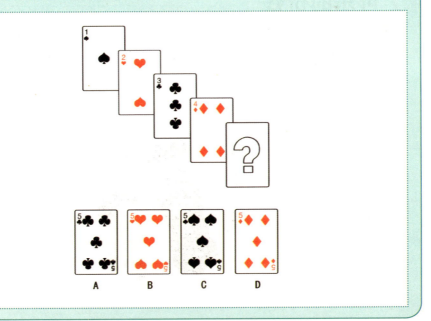

19 猜照片上的人

一天，亮亮在小飞家玩，小飞拿出一张旧相片，指着相片上的人说："我爸爸和我都既无兄弟也无姐妹，这个人的父亲是我爷爷的儿子，你猜猜看照片上的人是谁？"你知道相片上的人是谁吗？

20 可乐的价钱

阿聪和阿傻到公园去玩，他俩想买1瓶可乐喝，阿聪差1元，阿傻差1分。把他俩的钱合起来，钱还是不够。请问1瓶可乐多少钱？

21 两个儿子的零花钱

两个父亲给两个儿子零花钱，一个父亲给了自己的儿子150元，另一个父亲给了自己的儿子100元。然而，2个儿子在数自己的零花钱时，发现两个人的钱加起来只有150元。这是为什么呢？

脑筋急转弯

大刘喝醉了酒，把脸撞伤了，他对着镜子把创可贴牢牢地贴在了伤口上，可为什么他用手在自己脸上却摸不到创可贴？

答案：创可贴贴在镜子上了。

22 谁是哥哥

有兄弟2人，哥哥上午说实话，下午说谎话；弟弟正好相反。有一个人问这兄弟2人："你们谁是哥哥？"较胖的说："我是哥哥。"较瘦的也说："我是哥哥。"那个人又问："现在几点了？"较胖的说："快到中午了。"较瘦的说："中午已经过去了。"

请问：现在是上午还是下午？谁是哥哥？

23 问号处的数字

运用逻辑推理，判断问号处应该填哪个数？

4 9 8
15 79 61

6 3
32 ?

24 谁偷吃了蛋糕

妈妈在桌子上放了一块蛋糕，可是她刚出去了一会儿，再回来的时候就发现蛋糕被人吃掉了。她就问在场的3个孩子，是谁偷吃了蛋糕，得到的答案如下：

A："我吃掉了，好好吃。"

B："我看见A吃了。"

C："总之我和B都没吃。"

假设这里边只有一个孩子说谎，那么蛋糕被几个人偷吃了，都有谁？

1 钟

一个漂亮的挂钟挂在学校的大楼上。在一个大雨天，钟被飞来的树枝撞成了4块，老师在检查钟表时发现一件有趣的事，每块碎片上的数字相加之和都是19或者20。那么，你知道钟是如何断裂的吗？

脑筋急转弯

牛、猪和羊半夜去便利店买东西，结果牛和猪被店员打了出来，可为什么羊没挨打呢？

答案：这家店24小时营业，不打烊（羊）。

2 完成等式

下面两个等式是错误的，你要做的就是每个等式移动一根木棍使其成立，赶快动手吧！

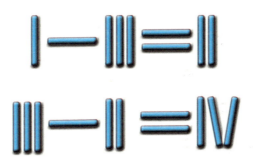

3 加一笔

请在下图中加一笔，使等式成立。

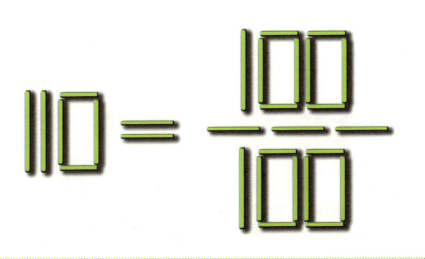

4 等式

在空格内填上合适的数字，使所有的等式成立。

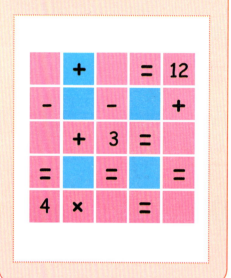

5 箭靶

丹尼尔和她的妹妹在靶子上分别射了3箭，得到了相同的分数，如果他们的分数相加为96分，那么，你知道他们的箭射到了哪些环上吗？

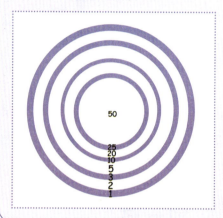

6 数字游戏

请在下面的方格里填上适当的数字，使每条线上的3个数相加后都等于7。在下面的圆圈里填上适当的数字，使每条线上的3个数相加后都等于9。

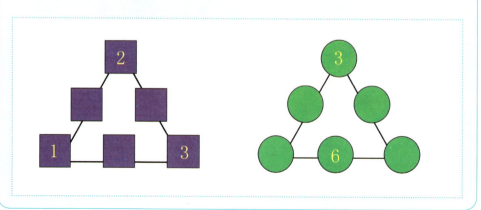

7 未知的数字

一天，老师在黑板上写出了3个等式：A+A=A×A；B×B=B÷B；C+C=C-C。让同学们猜猜A、B、C各是多少，你能猜出来吗？

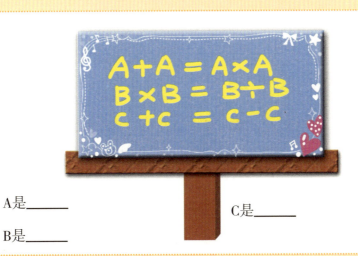

A是_____

C是_____

B是_____

8 叔叔锯木头

叔叔要把一根90厘米长的木头锯成平均15厘米长的一段一段的，你知道他一共需要锯几次吗？

9 玫瑰花的价格

一束玫瑰15元，花比包装贵10元，问玫瑰花及包装各多少钱？

10 算术趣题

你能在下面的算式中加上"+ - × ÷"符号，使它们成为等式吗？（可以加括号）

1 2 3 4 5	=	1
1 2 3 4 5	=	2
1 2 3 4 5	=	3
1 2 3 4 5	=	4
1 2 3 4 5	=	5

1 2 3 4 5	=	6
1 2 3 4 5	=	7
1 2 3 4 5	=	8
1 2 3 4 5	=	9
1 2 3 4 5	=	10

11 抽"A"的概率

一整副扑克，去掉大小王，共有52张牌。从里面随便抽一张牌，抽到"A"的概率有多大？

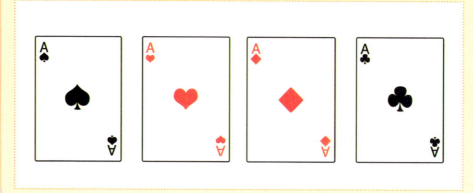

12 等式

请你根据等式写出每个图形所代表的数字。

○ + ☆ = 16

19 - ◆ = 13

◆ + ○ = 10

☆ =　　○ =

◆ =

13 加减运算

只使用加法和减法进行运算，使得下面6个数的计算结果等于18。

14 超市排队

超市里，小明在排队交钱，请你按照要求回答下面问题。

（1）排在小明前面的有两个人，排在他后面的有4个人，问：哪一个是小明？把他圈出来。这一队共有多少人？请你列出算式，并写在相应的括号里。

（　　）+（　　）+（　　）=（　　）

（2）从前面数小明是第3个，从后面数小明是第5个，问：这一队共有多少人？请你列出算式，并写在相应的括号里。

（　　）+（　　）=（　　）

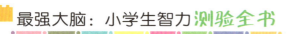

谁在说谎

村里有两种人，其中一种人总是说谎。

真的啊？

今天早上我家的鸡下了个金蛋。

我打碎了你的花瓶，对不起。

另一种人总是很诚实。

没关系。

这村里的人谁诚实，谁在说谎呢？

你们俩中有诚实的人吗？

没有。

你就是爱说谎的人。

我很诚实，你为什么说我爱说谎？

15 我现在几岁

当爸爸庆祝31岁生日的时候，我是8岁。现在我爸爸的年龄正好是我的年龄的2倍。那么我现在几岁？

31岁   我年龄的2倍

8岁   （   ）岁

16 小猴子抬西瓜

从300米远的地方往山上抬一个大西瓜，需要2只小猴子一起抬，现在由3只小猴子轮流抬。你知道每只小猴子抬西瓜平均走了多少米吗？

每只小猴子平均走了
___米。

17 大气球

　　按红色、蓝色、黄色、紫色、绿色、橙色的顺序把气球挂在房间四周，第44个气球是什么颜色的呢？

18 旅行团人数

　　有一个旅行团，如果把旅行团平均分成4组，多出1个人，再把每组平均分成4小组，结果还是多出1个人，再把每小组平分成4组，结果又多出1个人，你知道这个旅行团至少有多少个人吗？

旅行团有＿＿人。

19 花园里的蜜蜂

　　花园里来了一群蜜蜂，有1/5落在百合花上，1/3落在玫瑰花上，数目是这两者差的3倍的蜜蜂飞向了君子兰，最后剩下1只小蜜蜂在芳香的茉莉花和木兰花之间飞来飞去，那么共有几只蜜蜂呢？

20 所有的数

　　世界上所有的数相加，再乘以所有的数，积是多少？

21 纸的高度

一张薄薄的纸，它的厚度是0.01毫米。假设将纸对折，再对折，反复对折30次后，计算出此时纸的高度。

22 几岁了

小男孩年龄的末尾添上一个0就是他爷爷的年龄，他和爷爷的年龄加在一起是77岁。你知道小男孩几岁吗？

23 巧加运算符

老师在黑板上连续写了9个数字：1、2、3、4、5、6、7、8、9。你能在这些数字中间添上3个运算符号，使算式的结果等于100吗？

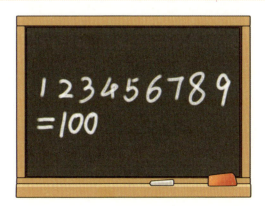

趣味文字

1 根据诗句填成语

下面给出了几句著名的诗句，其实它们都是成语谜语，仔细想一想，你能把它们都猜出来吗？

千山鸟飞绝，万径人踪灭

千里江陵一日还

读书破万卷，下笔如有神

欲穷千里目，更上一层楼

谁知盘中餐，粒粒皆辛苦

危楼高百尺

2 成语圆环

请在圆环的空格中填上适当的字，使圆环上的字按箭头所指方向组成成语，且上一个成语的最后一个字要和下一个成语的第一个字重合。

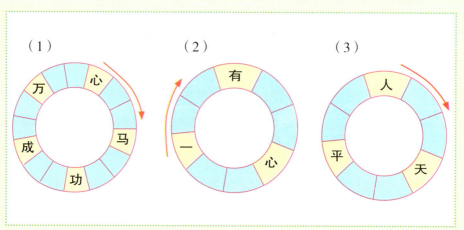

（1）

万　心

成　马

功

（2）

有

一　心

（3）

人

平　天

3 找对应

如果工匠对应钟表，那么下列哪项与其对应关系相同？

A.飞鸟对应飞机

B.上帝对应世界

C.建筑工人对应楼房

D.蜜蜂对应蜂巢

4 玻璃杯

玻璃杯不是木头做的，可为什么"杯"字是"木"字旁？

5 对应关系

如果窑对应陶瓷，那么下列哪项与其对应关系相同？

A.学校对应学生　　　B.烤箱对应面包

C.砖场对应砖　　　　D.整数对应自然数

6 哪一个类比最恰当

4个答案中哪一个是最好的类比？水对于龙头相当于电对于（　　）。

A.光线　　　　　B.开关　　　　　C.电话　　　　　D.电线

7 钟表与发动机

（　）对应钟表，相对于发动机对应（　）。

A.表盘，齿轮　　　B.时针，汽车

C.时间，路程　　　D.房间，汽车

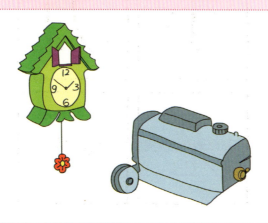

8 连连看

用直线把上面的谜面和下面的谜底连起来。

9 看图猜成语

A、B、C、D4幅图各包含一个成语，请你说出来。

10 看指南针猜成语

指南针四周有8个字，你能猜出4个成语来吗？

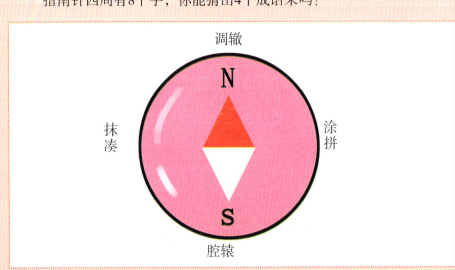

11 找逻辑最为贴近的词

如果"旗帜对应天空",那么下列几组词中最对应的是什么?

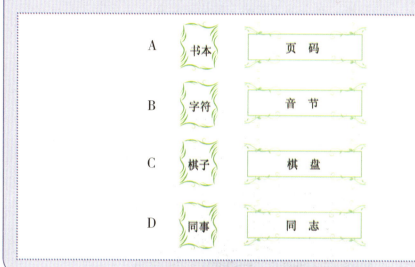

A 书本 —— 页 码

B 字符 —— 音 节

C 棋子 —— 棋 盘

D 同事 —— 同 志

12 找不同

谁与众不同:锯、牙刷、梳子、钳子、叉子这5种物品中,有哪1种与其他4种不一样?

13 巧改对联

　　古时候，有个鱼肉百姓的大官。有一次，他为了炫耀自己，就在家门口贴了一副对联。有个书生趁晚上偷偷把对联改了几笔，但没有添字。第二天早上，大官开门一看，鼻子都气歪了。

　　你能猜出书生是怎么修改对联的吗？

脑筋急转弯

　　小星和小月驾驶的两辆车相撞了，为什么他们却哈哈大笑？

答案：他们在玩碰碰车。

14 拜访齐白石

　　有个人想拜访齐白石，看见他家门上写了个"心"字，他想了想就走了。过了几天，他又去了齐白石家，看见门上写了"木"字，他高兴地敲了门。齐白石真的请他进了门。

　　你知道这是为什么吗？

15 趣味猜词

　　根据下面的5句话，你能猜出我说的是什么吗？

根据下面的5句话，你能猜出我说的是什么吗？

A. 用中文表达是5个字。　　　D. 三毛。

B. 地理名词。　　　　　　　　E. 干草原、沙丘、矿质荒漠。

C. 900万平方公里。

现在知道了吗？

16 开心魔鬼辞典

外表再漂亮，也掩饰不住内心的空虚。 （　）

谁多给一点，就偏向谁。 （　）

只要被人一吹，便飘飘然了。 （　）

得势时趾高气扬，失意时威风扫地。 （　）

大红之日，便是大悲之时。 （　）

因居高临下，才口若悬河。 （　）

伶牙俐齿，去做离间之行为。 （　）

没有华丽的外表，却有充实的大脑。 （　）

看似十分坦荡，却悄悄设了防。 （　）

可以回到起点，却已不是昨天。 （　）

思想稳定，东西再好不被诱惑。 （　）

能坐享其成，靠的就是那张"关系网"。（　）

A.虾　B.天平　C.瀑布　D.锯子

E.气球　F.玻璃　G.钟表　H.核桃

I.指南针　J.花瓶　K.树叶　L.蜘蛛

益智笑话

一天，我帮妹妹检查作业。老师布置的作业其中

一项是用"先……再……"造句。

例题是：回到家后我每天都是先洗手再吃饭。

妹妹是这样造句的：先生，再见！

17 "二"的妙用

语文老师上课时出了一道很特别的题目，要求大家将下面16个方格中的每个"二"字加上两笔，使其组成16个不同的字。你也试一试吧！

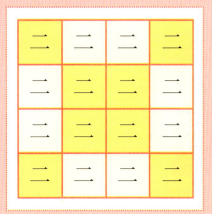

18 电报暗语

公安机关截获一份犯罪分子的密电。电文如下："吾合分昌盍旮垒聚鑫。"

你能破解这封密电吗？

19 姓甚名谁

清朝乾隆年间，某秀才上京赴试。在书院遇见一批文人在谈论诗文，大家问他姓名，他即作诗一首：

李白诗名传千古，
调齐律雅格尤高。
元明多少风骚客，
也为斯人尽折腰。

请问：你知道这个秀才姓甚名谁吗？

20 智拿水果篮

亮亮家楼下新开了一家水果店。开张第一天，老板在门口挂了一个圆盘，如图所示。

老板宣布，谁能填出中间那个字，组成8种水果，谁就免费得到1个水果篮。亮亮开动小脑筋，拿到了水果篮。

你知道亮亮填的是什么字吗？

21 神奇的梳子

请小朋友根据例子说句子，再认真体会一下句子的意思。

例：妈妈的手像梳子，梳着我的头发。

_____像梳子，梳着河流的头发。

_____像梳子，梳着大地的头发。

_____像梳子，梳着柳叶的头发。

22 数字王国的评选

数字王国要评年度最勤劳的数字和最懒惰的数字。0、1、2、3、4……10个数字纷纷自荐。最后，1成了最懒惰的数字，而2成了最勤劳的数字。你知道这是为什么吗？

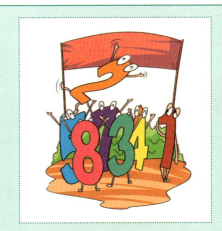

23 成语中的数学

（　）尘不染
（　）面三刀
（　）思而行
（　）海为家
（　）光十色　　（　）神无主
（　）窍生烟　　（　）面威风
（　）霄云外　　（　）全十美

小明很喜欢做数学题，可是对语文不感兴趣。语文老师就给他布置了一道题，说："小明，其实语文题也可以当数学题做哦。这里有10个成语，每个成语的第一个字都是数字。你想不想试试？"小明听了就拿起笔做了起来。

空间想象

1 手影

想象一下，下面5个手势会产生什么样的影子？试着做做吧！

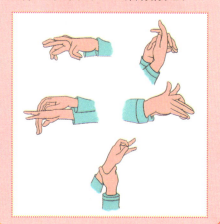

2 圆筒粘贴

下面的平面图形折叠粘贴后可形成哪一种图案呢？

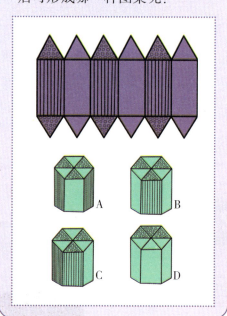

3 多少个箱子

在清点仓库货物时，工人数不明白下面的货堆有多少个箱子了，你能帮他数出来吗？

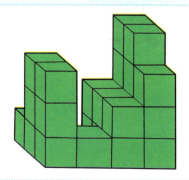

4 推彩木

将彩色木块从左右向中间推，推成正方形，会是什么样子的呢？请连一连。

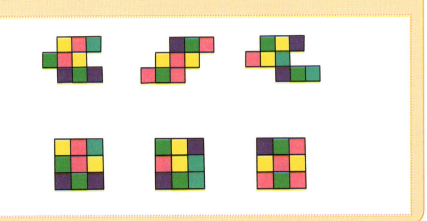

5 吃豆

只可上下、左右移动，将每个格内的豆豆吃掉，最后回到原点，路线不能重复，该怎么走呢？

6 切圆柱

沿着虚线将圆柱体切开，圆柱体的切面是什么图形呢？请在下面的镜框中画出来吧！

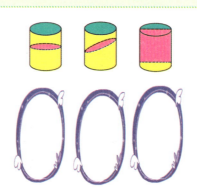

7 丽莎的房间

如果将丽莎房间的立体图改成平面图，会是什么样呢？请你圈出来。

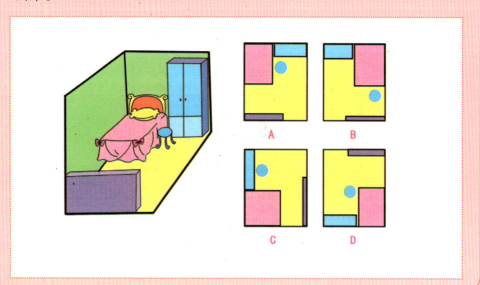

8 比远近

请按距离小狗家由远到近的顺序为其他小动物的家排序，并把序号写在"○"里。

脑筋急转弯

小波不会轻功，但他一只脚踩在鸡蛋上，鸡蛋却不会破，这是为什么？

答案：他另一只脚踩在地上。

9 第三支圆珠笔

在这堆圆珠笔中，按照从下往上的顺序数，哪支圆珠笔是第3支呢？

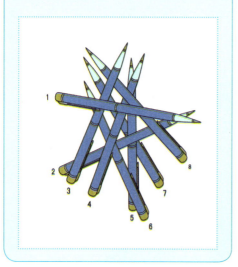

10 第二辆车

某人花了1辆车的钱买了2辆车，但是他却没法找到第2辆车，你能找到吗？

11 错位的眼睛

仔细看图中的女孩，观察她的眼睛是否错位。

12 神奇的图画

　　偶尔换一个角度看世界，你会发现另一片天空。下面是一组简单却很神奇的图画，你能说出它们到底是什么吗？

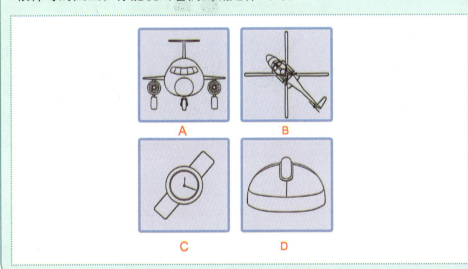

A　　　　　B

C　　　　　D

13 折立方体

　　如果把例图折叠为一个立方体，会形成什么样的图案呢？请你从A～E中选出正确的答案。

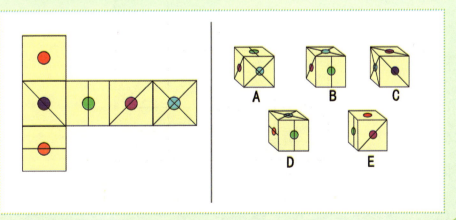

A　　　　B　　　　C

D　　　　E

14 它们是什么

这是一组简单却很神奇的图画，你能想象出它们到底是什么吗？

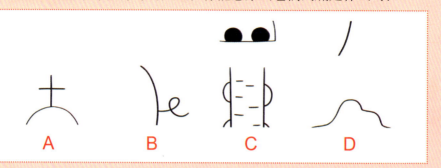

A   B   C   D

15 分土地

国王要把一块如图所示的不规则的土地分封给4位功臣，要求每位功臣分得的土地的面积、形状完全一致，该怎么分呢？

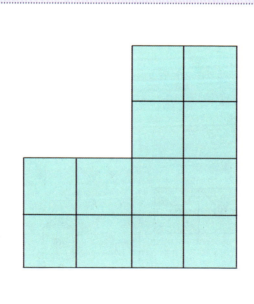

16 看投影画物体

下面是从3个方向看到的某一个物体的投影。看完这些图形后，请想象并试着画出这个物体。

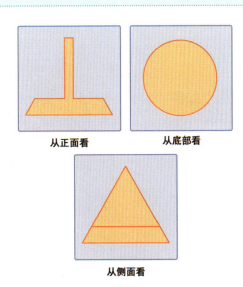

从正面看　　从底部看

从侧面看

17 变水杯

图中有3个水杯，你能在图中添加一笔，使图中共有5个水杯吗？

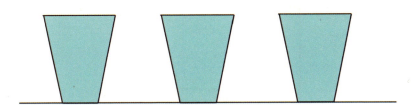

18 小老虎灌水

小老虎正在往洞里灌水，中间的水位已经到虚线的位置，请你将两边的水位画出来。

19 平房变楼房

你能不能不用任何绘画工具，将下图的一间平房变成2层高的楼房？

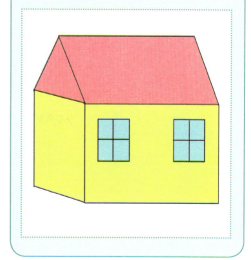

20 拼成长方形

想个办法把这块形状不规则的木板切成两块，然后把它们拼成一个3乘5的长方形，而且不需要翻面。

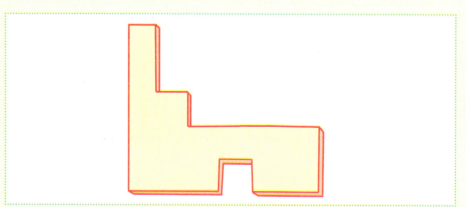

21 同一立方体

同一种图案不可能在2个以上的立方体表面上同时出现。看一看，下面哪个图不属于同一立方体？

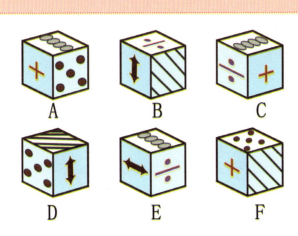

22 三棱柱展开面

下面右边图中哪一个图形是左边图形的展开图？

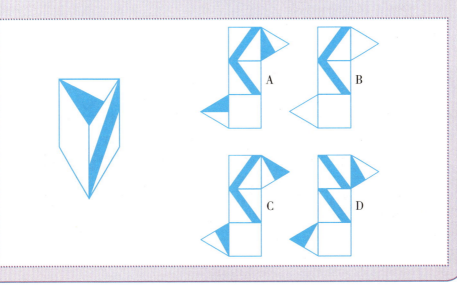

图形综合

1 图形识别

依据前3幅图案变化的规律，填上第4幅图。

2 图形再现

　　仔细观察左图10秒钟，然后用手盖住左图，并在右图中找出你刚刚看到过的图片。

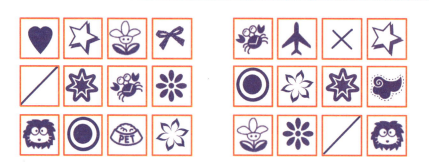

3 涂格

仔细观察左图10秒钟，然后在左图中相应的方格内画上相同的图形和颜色。

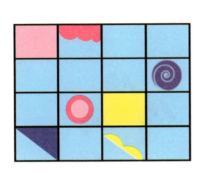 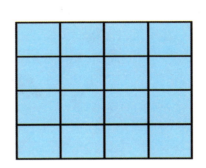

4 纸杯

将下图中残缺的纸杯剪开后是什么形状呢？

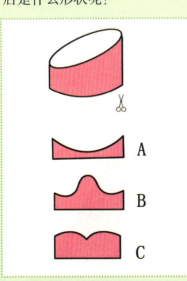

5 三角形与五角星

尝试用下面所给的6个直角三角形拼出一个五角星。你能做到吗？

6 小狗和骨头

请用3条直线将图中的小狗和骨头分开。

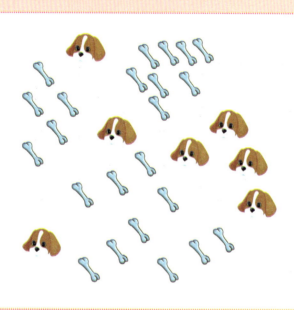

7 黑圆点不见了

这是世界上最简单的问题，这个问题只要用一双眼睛就可以解决。请将下图中的黑圆点消失，但黑三角不能消失。不要用手或任何工具遮住或者涂改掉黑圆点。

8 花朵

"？"处选择哪个图形？

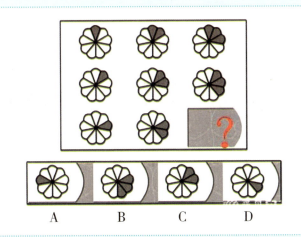

A　　　B　　　C　　　D

9 路线

这个游戏要求通过连续的移动，从起点到达终点，移动时要按照每次分别移动1、2、3、4、5……个格子的顺序，最后一步正好到达终点。

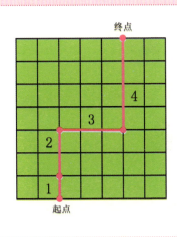

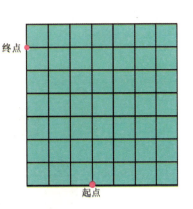

10 规律图

下列3幅图是按一定规律排列的，请找出规律并画出第4幅图，你能做到吗?

11 图形变化

观察前2个图形的变化后，想一想，如果第3个图形也像第1个图形那样变化，那么请你在下面的5个答案里选择出1个适合的圈出来，并画在上面的横线上。

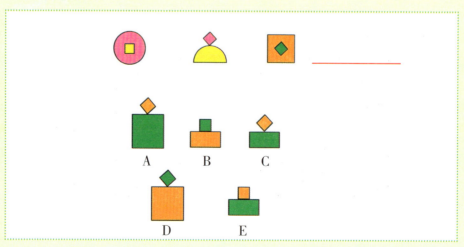

12 图形判断

观察前3个图形，想一想，第4个图形应该是右边4个图形中的哪一个？请你圈出来，并照着画在左边的横线上。

13 称一称

3个苹果等于6个桃子的重量，2个梨等于4个苹果的重量，那么2个梨等于几个桃子的重量？请你在下面的天平上画出桃子的数量。

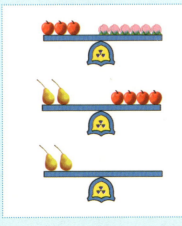

14 数图形

下面是由许多小正方形排成的图形，上面有两个圆圈。不论正方形的大小，数一数含有圆圈的正方形一共有几个？

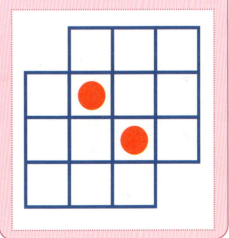

15 花的颜色

观察下面每朵花里面的颜色规律，请你在（5）的里面涂上正确的颜色，想一想，为什么？

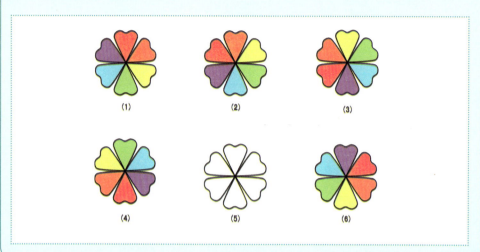

16 三角形的变化

观察下面三角形里面的图形变化和排列顺序，（9）应为哪个图形？请你在下面的5个答案中选出1个正确的圈上，想一想，为什么？

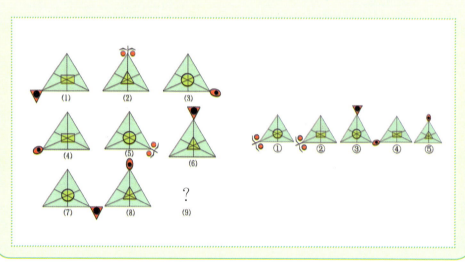

17 三角猫

数数这只可爱的猫身上有多少个三角形？

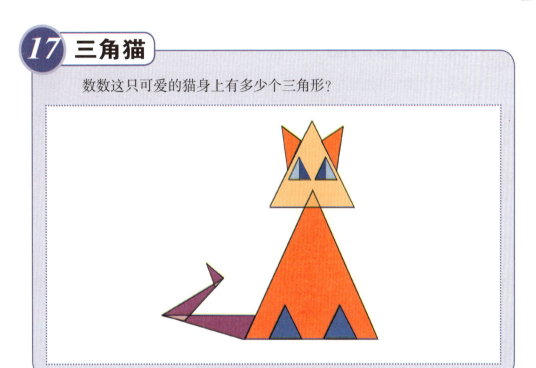

18 找出错误的扑克牌

扑克牌是大家很熟悉的一种娱乐玩具，但你注意过每张牌牌面的排列顺序吗？下面几张牌都有明显的错误，找找看，错在哪？

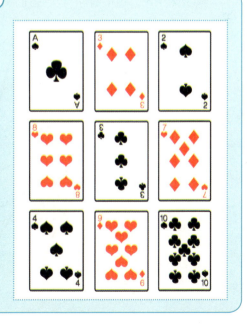

19 找不对称的图

下面哪个图与其他图不相称？

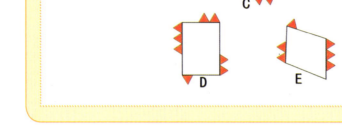

20 一下剪断

截断图中5个环中哪一个，它们就会全都分开？

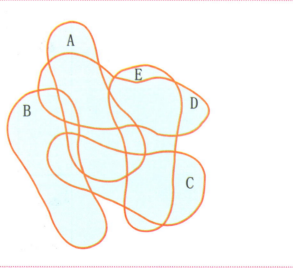

观察分析

1 找不同

下列4幅图中哪一个与其他3个对称方式不同?

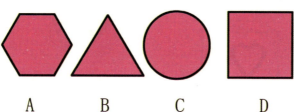

A   B   C   D

2 不同的脸

找出"与众不同"的那张脸。

3 哪个错了

下面（A～E）是从5个不同的面所拍摄的小盒子的照片，其中有一张照片错了，试着找出来吧！

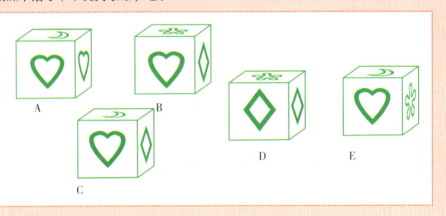

4 倒向哪边

看见树干上的缺口了吗？猜猜这棵树会倒向哪一边？

5 动物

找出排列规律，在图中空缺处填上相应的动物。

6 去伪存真

　　如图所示，有6张"9"的扑克牌，其中只有一张是正确的，另外的5张都是错误的。请仔细观察，在最短的时间内找出正确的图。

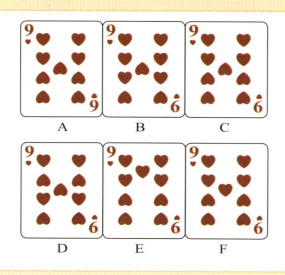

A　　　　　B　　　　　C

D　　　　　E　　　　　F

7 动物们坐船

　　小老鼠、长颈鹿、大象和小乌龟分别坐在4条船上，请你仔细观察下面的船，你知道它们分别坐在哪条船上吗？请你用线连一连。

8 来自动植物的发明

图中的几种发明分别与哪些动植物有关联？请连一连。

9 小熊受伤了

小熊的右手受伤了，请从下面4张图中找出小熊受伤的原因。

10 甲组与乙组

4个选择图案中，哪些属于甲组，哪些属于乙组？

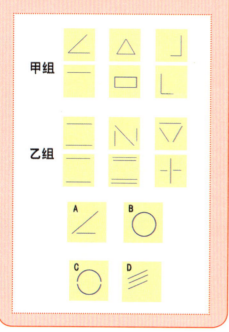

11 找小鱼

图中这条小鱼是由几个小图形组成的，你能在下图中将它找出来吗？（提示：可将小鱼涂上颜色，你只需涂上3个图形，就会发现它了。）。

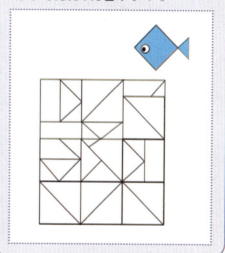

12 找到咖啡杯

左图是从上往下看咖啡杯的样子。那么，请你仔细观察并想象一下，与左图对应的咖啡杯是右图中的哪一个？

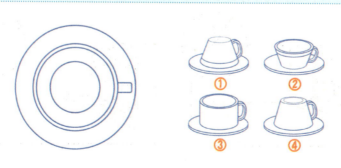

13 翻转后的钥匙

例图中钥匙沿直线翻转后得到（　　）。

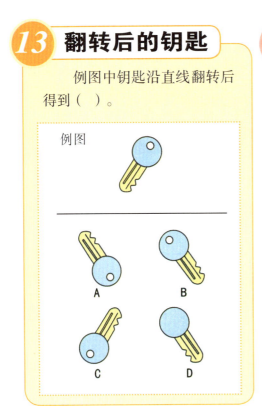

例图

A　　B

C　　D

14 工具平面图

这张图里有哪7件工具的平面图？

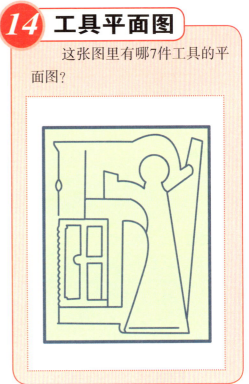

15 11点的太阳

下面两幅图，你能区别哪一幅是夏天，哪一幅是冬天吗？

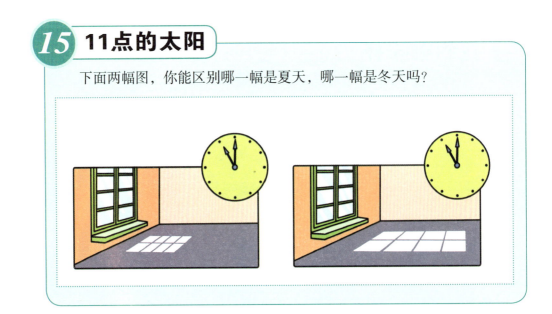

16 不同的箭头

找出下面5个箭头中与众不同的一个。

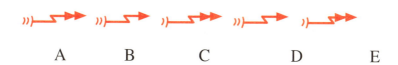

A   B   C   D   E

17 火眼金睛

下面两幅图有8处不同，请试着找出来。

18 最牢固的门

看下面A、B、C、D四扇木质门框，哪一扇门的结构最牢固呢？

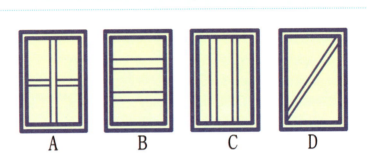

A   B   C   D

19 两个壶

下面两个壶的底面积和壶身长度都一样，那么哪个壶装的水多呢？

益智笑话

小学五年级的时候，语文老师让我们用"不是……不是……而是……"造句，然后就叫我起来念，我张口就说："她不是他妈妈，也不是你妈妈，而是我妈妈！"结果全班，包括老师，全笑趴下了。

20 不同颜色

哪一种颜色不同于其他颜色的排列规律？

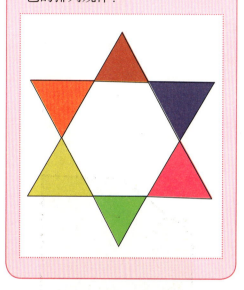

21 钟表的时间

根据规律，找出第4个钟表D上应该显示的时间。

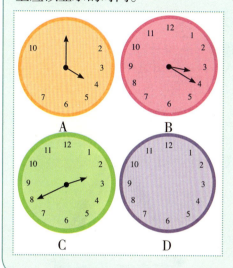

22 不存在的正方形

在这张图的中间，你是否看到一个并不存在的正方形？将图中的4个星星用4条直线连起来，直线不能穿过圆圈的线段，而且第4条线的尾巴要接上第一条线的起头。

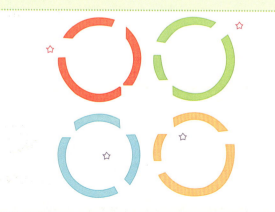

动手创造

1 伞

下图是用小木棍组成的伞的形状，试着只移动4跟木棍使其变成2把伞，你能做到吗？

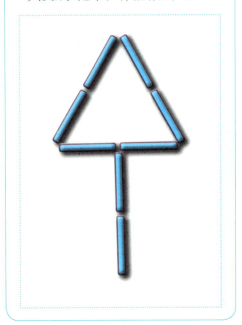

2 巧做"十"字标

将下面的木板分成2份，做成一个"十"字标志，你能完成吗？

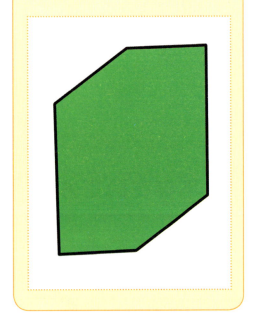

益智笑话

老师要求我们用"果然"这个词造句。

我同桌写的是："我三个月没洗澡，身上果然臭了。"

3 巧移花盆

　　25个花盆按下图所示的方法排列，怎样移动能将其变成一个正方形和一个菱形，且它们的每条边上都有5个花盆呢？

4 五环

　　一笔画出五环，你能做到吗？

5 5个四边形

如图所示，16根小木棍组成了一支箭的形状，你能否移动7根火柴使其形成5个大小相同的小四边形？

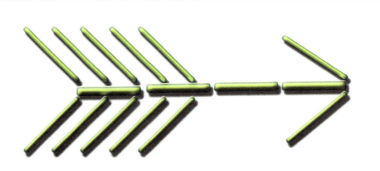

6 敬酒

下面是用小木棍排成的酒杯和酒瓶的形状，你能只移动3根木棍，将酒瓶口对准酒杯吗？

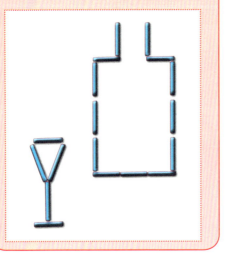

7 花儿变风车

移动下面的4根木棍，就可以变出一个风车来，你知道该怎么移动吗？

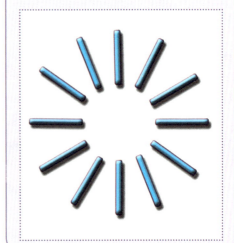

8 剪出来的森林

按照图中的步骤跟着做一做吧!

1.准备4张长方形的绿色卡纸,分别对折3次。

2.画出4种树的线条图案。

3.沿着线条剪下图案展开,茂密的树林就出现喽!

9 小猫头饰

按照下面的步骤，做一个小猫头饰吧！

1.准备一张硬纸板。

2.在硬纸板上画出小猫的脸和一个宽条。

3.涂上颜色后剪下来。

4.把宽条两边粘在一起，头饰就做成了。

10 动画人

图中的小人儿是按什么规律动的呢？请按规律画一画吧！

11 漂亮的毛衣

发挥你的想象力，为这件毛衣画上漂亮的图案并涂上颜色吧。

12 绿地规划

公园里有1块绿地，里面种了4棵大树和4棵小树，现在就请你画两条线，把这块地分成大小一样的4块小绿地，并且每块绿地都要有1棵大树和1棵小树，试着画一画吧。

13 种树

如果把下面的16棵小树种在4条线上，每条线上种5棵，想一想，你能想出多少种方法？请你先想出4种方法来，将它们的摆法画在方格内。

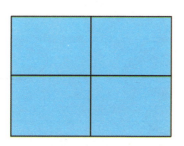

14 单眼对接笔尖

手持2支铅笔，1支红色的，1支蓝色的，水平放在你面前。慢慢地对接2支铅笔的笔尖，这很容易就能做到。那么，如果只睁开一只眼睛，还能做得到吗？请试试看！

15 移动盘子

仅移动1个盘子到一个新位置，使它们排成2条线，且每条线上都有4个盘子。

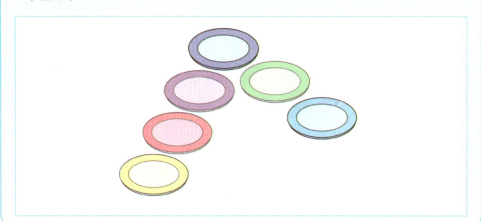

16 移杯子

仅转移一个杯子中的水到另一个杯子中，使满杯和空杯交替排列。

17 动手做小绵羊

材料：各色橡皮泥、镊子、木棒、小刀、活动眼睛、牙签、剪刀。

1.用白色的橡皮泥做小绵羊的头发，然后用肉色（或者黄色）的做小绵羊的脸，用咖啡色的做出羊角，插在牙签上。

2.将头发和脸的上部用一段牙签连接起来，再装上眼睛，安上羊角、耳朵、鼻子、嘴巴等，小绵羊的头部就完成了。

3.用白色橡皮泥捏成小团做身体。

4.围上一块围巾，装上两只脚和手，配上一个小皮球。

5.看，活泼可爱的小绵羊还挺好做的呢！你可以用同样的方法做出一群羊哦！

18 摆 "11"

你能用3根火柴摆出2种"11"吗？请试试看！

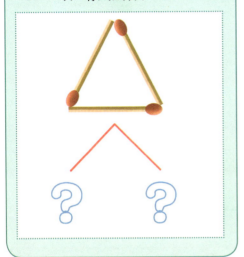

19 小船变梯形

你能只移动4根火柴，把下面的小船变成3个梯形吗？

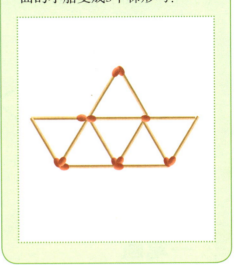

20 移棋子

这里有如下图中4×4排棋子，每排都以一白一蓝的方式排列，现在有人想把这16颗棋子分成白的一排，蓝的一排，而不是一白一蓝，请问在不能增减棋子数目的情况下，他最少要移动几颗棋子才能完成？

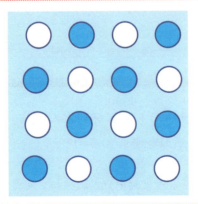

21 制作模型

用一张长方形的纸，你能制作一个如下图所示的纸模型吗？可以在纸上剪3个直线切口，但纸模型不能用胶粘，也不能用曲别针固定。

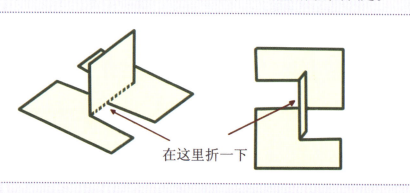

在这里折一下

22 一笔画

一笔画就是笔不离纸，笔画不重复，一笔画出一个图形。你能用一笔画出下面图形吗？

（1）　　　　（2）

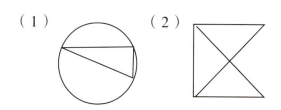

高级篇

逻辑推理

1 排队

小动物们在排队，请按小动物们说的话，帮它们排好队。

2 君子与小人

　　理想国只有两种人，一种是君子，只讲真话；一种是小人，只说假话。如果你到了这个地方遇到了甲、乙两个人，甲告诉你："或者我是小人，或者乙是君子。"

　　你能由此判断甲和乙的身份吗？

3 推断职业

　　一次聚会上，你遇到了甲、乙、丙三个人，你想知道他们三个人都是干什么的，但三个人只提供了以下信息：三人中一位是律师，一位是编辑，一位是医生。丙比医生年龄大，甲和编辑不同岁，编辑比乙年龄小。根据上述信息，你能判断出三人的职业吗？

4 谁是冠军

A、B、C、D、E、F六人参加一场比赛，赛前三人猜测。甲：冠军不是A，就是B。乙：冠军是C或D。丙：D、E、F绝不可能是冠军。事后发现三个人的猜测只有一个人是正确的，那么谁是冠军？

5 盒子上的话

在桌子上放着4个盒子。每个盒子上分别写了一句话。

A盒子上写着：所有的盒子里都有水果。

B盒子上写着：本盒子里有香蕉。

C盒子上写着：本盒子里没有梨。

D盒子上写着：有些盒子里没有水果。

如果这里只有一句话是真的，你能从哪个盒子里拿出什么水果来？

6 聪明的警察

甲、乙、丙三人在路上走，捡到一块手表，交给了警察，警察问他们三人谁最先发现了手表。

甲说："不是我，也不是乙。"

乙说："不是我，也不是丙。"

丙说："不是我，我也不知道是谁最先发现的。"

三个人又告诉警察，他们每个人说的两句话中，都有半句真话，半句假话。聪明的警察很快就判断出手表是谁最先发现的了。

你知道是谁吗？

7 偷奶酪的老鼠

　　有4只小老鼠一起出去偷食物，它们都偷到食物了。回来后族长问它们都偷了什么食物。老鼠A说："我们都偷了奶酪。"老鼠B说："我偷了一颗樱桃。"老鼠C说："我没偷奶酪。"老鼠D说："有些老鼠没偷奶酪。"族长仔细观察了一下，发现它们当中只有一只老鼠说了真话。那么下列的判断正确的是：

　　A.所有的老鼠都偷了奶酪。B.所有的老鼠都没有偷奶酪。

　　C.有些老鼠没偷奶酪。　　D.老鼠B偷了一颗樱桃。

8 麦先生一家

麦先生和麦太太有7个女儿，每个女儿都有一个兄弟。那么这对夫妇有多少个孩子？

9 分香蕉

妈妈下班的时候买了香蕉，吃过晚饭后，她给大家分香蕉。如果分别给家中每人一根则还剩一根，如果每人分两根则还少两根，那么家中到底有几个人？妈妈买了几根香蕉？

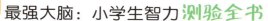
10 小小冒险家

丁丁是个爱探险的小孩。有一次他和爸爸到非洲探险，在一个山洞里发现了两个箱子和一封信，信上说："这两个箱子只有一个装着珠宝，另一个装有致命的毒气。如果你够聪明，按照箱子上的提示就能找到开启的方法。"这时候，丁丁看到两个箱子上都刻着一些字，如图所示。

另一个箱子上的话是真的，珠宝在这个箱子里。

另一个箱子上的话是假的，珠宝在另一个箱子里。

丁丁觉得应该打开甲箱子，而丁丁的爸爸却觉得应该打开乙箱子。那么，到底应该打开哪个箱子才能安全地获得珠宝呢？

益智笑话

一年级语文课上，老师让同学们用"只有……还是……"造句。

一个小朋友造的句子是："人都只有一个屁股，而且还是两半的。"

11 爸爸分苹果

　　爸爸给儿子和女儿买了5个大小一致的苹果，并对他们说："这里有5个苹果，你们每人每次最多只能拿2个，吃完了才可以再拿，你们谁吃得最多将会得到一份奖品。"爸爸的话刚说完，儿子就拿了2个苹果大吃起来，这时候女儿并没有开始吃。如果2个人吃苹果的速度是一样的，那么，你觉得女儿还有机会赢得这次比赛吗？

12 谁的车子

李经理买了一辆新车。他带着3位同事去停车场看他的车子。停车场里有3辆新车，分别是A、B和C。李经理让同事猜哪一辆是他的新车。

小王说："肯定是A。"

小张说："不是B就是A。"

小宋说："应该是C。"

李经理笑着说："你们3个人至少有一个人说对了，也有一个人说错了。"你知道哪一辆车是李经理买的吗？

益智笑话

一次数学课上，老师问一个学生："数学是很有用的一门学科。学习数学，我们的目标是什么？"那位同学当时在开小差，于是不假思索地高声道："没有蛀牙！"

13 飞行员的谎话

约翰是一位非常富有的银行家，刚刚买了一架私人直升机。

这一天，他乘坐这架飞机去海边的别墅度假。飞机起飞一个小时后，突然飞回了机场。飞机驾驶员向警察报案，说约翰中途拉开舱门跳机自杀了，而且还在座椅上留下了一封遗书。警察在飞机的座椅上发现了这封遗书，上面写着："我已经厌倦了人生，想离开这个世界。"

但是，警察却把飞机驾驶员逮捕了，说是他谋杀了约翰。你知道为什么吗？

脑筋急转弯

潘潘买了10条金鱼放进鱼缸里，为什么10分钟后鱼全死了？

答案：鱼缸里没有水。

14 硬币的重量

6枚外观完全一样的硬币，其中有5枚重8克，另外一枚重7.9克，你能用天平仅称2次，就找出那枚轻一点的硬币吗？

15 黑白袜子

抽屉里有黑白袜子各10只，如果你在黑暗中伸手到抽屉里，最少要取出几只，才一定会有一双颜色相同的袜子呢？

16 牛、虎过河

3头牛和3只虎要渡到河对岸。渡口只有一条小船，每次只能运装两只动物过河，且不能空船回来。为了防止虎吃牛，在一边岸上及船上的牛的头数决不能少于虎的数量。至少要摆渡几次才能保证牛的安全？

17 看守城堡

　　有一座城堡，城主下了一道命令，不许外面的人进来，也不许里面的人出去。看守城门的人非常负责，每隔10分钟就走出城门巡视一番，看看是否有人想偷着出去或进来。詹姆斯有急事要进城去找他的朋友商量，可是看守城堡的人又那样认真，怎样才能趁守门人不注意时偷偷进入城堡呢？詹姆斯想到了一条妙计，顺利地进入了城堡。你知道詹姆斯是怎样做的吗？

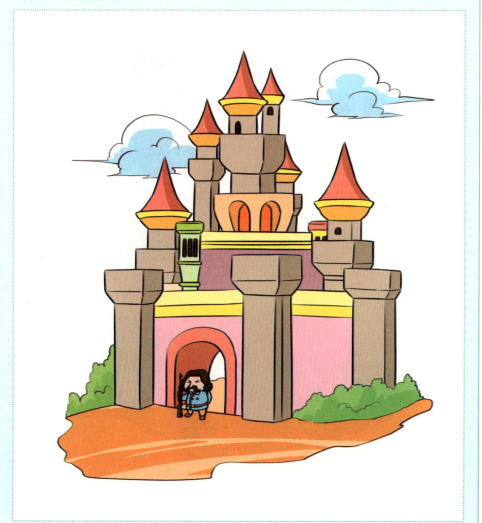

18 某户人家

　　一户人家有A、B、C、D、E、F、G兄弟姐妹7人。只知道A有3个妹妹；B有1个哥哥；C是女孩，她有2个妹妹；D有2个弟弟；E有2个姐姐；F也是女孩，但她和G没有妹妹。请你说说，这7个人中哪个是男孩，哪个是女孩？

19 时间

根据规律，第4个钟面上应当显示什么时间？

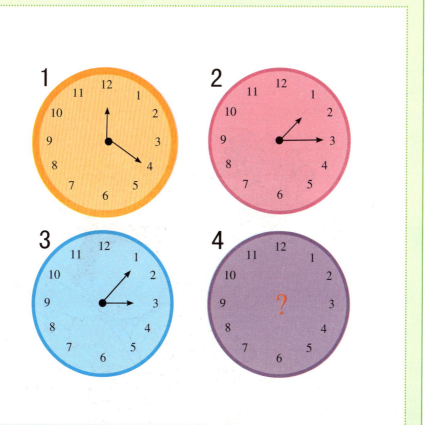

20 牧童的难题

一个牧童带着1只羊和2筐青草，需要过一条小河。河里只有一条小船，而且船太小，每次只能带一样东西过去。你能替他想个办法把3样东西都带过河，又不让羊吃到青草吗？

数学演算

1 正确的数字

图中问号处应该填上什么数字？

2 数学符号

问号处分别使用什么运算符号，能使两部分的计算结果相同？

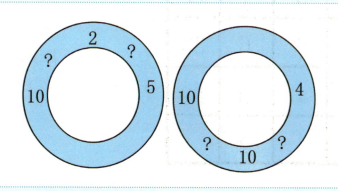

3 填数

找出下图中数字的规律，在问号处填入正确的数字。

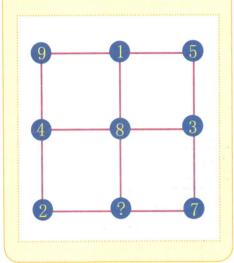

4 第4个正方形

根据每个图形中数字出现的规律，图中第4个图形中间的问号处应该是什么数字？

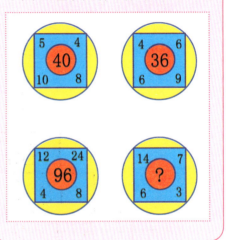

5 数字填空

找到下图中数字间的规律，在空白格中填上正确的序号。

2	5	7	17
3	9	6	33
5	4	9	29
7	4	2	

A.26　　　　B.30

C.6　　　　D.22

E.56　　　　F.13

6 图案与数字

下图中每一个图案代表一个数字，你能推算出每个图案所代表的数字吗？

7 一个也不剩

这里有6个袋子和25个一元硬币，你能在每个袋子里都装进奇数个硬币，使硬币一个也不剩下吗？

8 买狗

有几个人合买一只狗，每人出5元，还差90元；每人出50元，刚好够了。你知道有多少人吗？狗的价钱又是多少呢？

9 算算乌龟的年龄

用乌龟5年后的岁数的5倍，减去5年前岁数的5倍，刚好等于它现在的岁数。这只乌龟今年究竟多大呢？

10 慢车行了多少米？

甲、乙两地相距100千米，上午9时，快、慢两车分别从甲、乙两地出发，相向而行。快车到达乙地后立即返回，慢车到达甲地后立即返回，中午12时两车第二次相遇，这时快车比慢车多走36千米。慢车一共走了多少千米？

11 三角形的和

请在下面圆圈中填入数字1~6，使它们满足：红、黄、蓝三角形三个顶点上的数字之和均为12且大三角形三条边上的数字之和均为9。

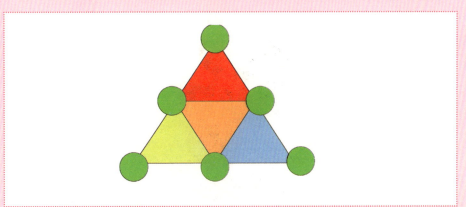

12 一束莲花

有一束莲花，把这束莲花的1/3、1/4、1/5、1/6分别献给4个人，剩下的6枝献给一位老人。这束莲花共有多少支？

13 小狮子和小老虎赛跑

小狮子与小老虎赛跑，各跑100米后再次回到出发点。小狮子跳一次为3米，小老虎跳一次为2米。小狮子每跳两次，小老虎就跳三次。请回答谁先回到出发点？

14 安徒生童话

兰兰看一本《安徒生童话全集》，翻到今天要看的页码，发现左右两页的页码数的和为193。请问，兰兰打开的是书的哪两页？

15 父子的年龄

有一对父子在交谈。22岁的儿子问父亲："爸爸你现在多少岁？"父亲回答说："爸爸岁数的一半再加上你的岁数，就是爸爸的岁数。"儿子陷入了沉思。请问，这位父亲现在多少岁？

16 冰和水

冰融化成水后，它的体积减小1/12，那么当水再结成冰后，它的体积会增加多少呢？

体积减少 1/12

17 分组

这里有1、2、3、4、5、6、7、8、9共9个数字，你能不能把它们分成3组，每组3个数，并且使各组的和都相等？

18 创意算式

有4个数字"5"，你能写出4个数字"5"组成的得数是1～6的算式吗？

注：+、-、×、÷和（ ）均可以使用。

1 = 5 5 5 5
2 = 5 5 5 5
3 = 5 5 5 5
4 = 5 5 5 5
5 = 5 5 5 5
6 = 5 5 5 5

19 3个数

有3个不是0的数的乘积与它们之和都是一样的，请问，这3个数分别是什么？

$$x \times y \times z =$$

$$x + y + z =$$

20 面积大小

用2根火柴将9根火柴所组成的正三角形分为两部分。请问①和②两个图形哪一个面积比较大？

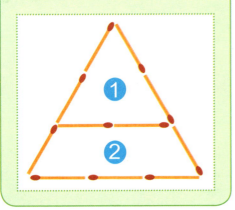

21 缺少数字

仔细看下图，请补充出问号处所代表的数字。

2	5	7
4	7	5
3	6	?

22 移数字

请移动下面等式中的数字（只能是数字，但不能将数字对调，也不能移动符号），使等式成立。

$$101 - 102 = 1$$

益智笑话

语文老师让我们用"不是……而是……"造句。当时我正在发呆，老师突然叫我起来回答，我看到前桌坐的小强，灵机一动，说："小强不是女的，而是男的。"全班狂笑。

23 "3"的趣味计算

在下列10个算式中填上四则运算符号或括号，使等式成立。

(1) 3 3 3 3 3=1

(2) 3 3 3 3 3=2

(3) 3 3 3 3 3=3

(4) 3 3 3 3 3=4

(5) 3 3 3 3 3=5

(6) 3 3 3 3 3=6

(7) 3 3 3 3 3=7

(8) 3 3 3 3 3=8

(9) 3 3 3 3 3=9

(10) 3 3 3 3 3=10

24 填数字

根据规律找出最后一个正方形中问号处应当填的数字。

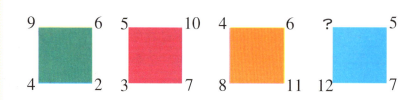

25 趣味算术

有一个奇怪的三位数，减去7后正好被7整除；减去8后正好被8整除；减去9后正好被9整除。你知道这个三位数是多少吗？

26 分苹果

把7个苹果分给3个小朋友。不要求每个小朋友分得的苹果一样多，但是分得的苹果个数要是双数。想一想，能分吗？

趣味文字

1 篆刻谜

下面2枚篆刻，各是一个成语，请你猜一猜。

2 猜成语

根据下图，猜一个五字成语。

3 王勃作诗

　　唐朝诗人王勃从小就聪明过人。有一年冬天，大雪纷飞，教书先生顺口念了一首诗让学生猜谜底："此花自古无人栽，每到隆冬它会开。无根无叶真奇怪，春风一吹回天外。"王勃听完眨了眨眼睛说："先生，我也有一首诗，谜底和你的一样。"说完他就大声地念了出来："只织白布不织纱，铺天盖地压庄稼。鸡在上面画竹叶，狗在上面印梅花。"先生听完哈哈大笑，直夸他聪明。亲爱的小读者，你能猜出谜底吗？

谜底：＿＿＿

脑筋急转弯

　　你要到浴室洗澡，浴池有一个放热水的水龙头和一个放冷水的水龙头，你会先开哪个？

答案：先开灯。

4 无字的书信

有个年轻人很有才气，被老师推荐给一位镇守边疆的将军做军师。临行前，老师给了年轻人一封信，让他拜见将军时递上。年轻人找到将军后递交了信。将军一看信上画着两个月亮，就立即给年轻人安排了差事。你知道老师的这封信是什么意思吗？

5 创意字谜

下面是一个非常有趣的字谜，你能猜出答案来吗？

去上面是字，

去下面是字。

去中间是字，

去上下是字。

谜底：＿＿＿

6 语文老师的难题

下图的黑板上是一位语文教师写的诗。每句诗打一个字，这四个字合起来就是一个四字成语。请你开动脑筋想想这个四字成语是什么，并写出来。

火烧山倒，
树毁多少；
大人不在，
云力起绕。

_____

7 历史人物知多少

请把10个历史人物正确地填入括号内。

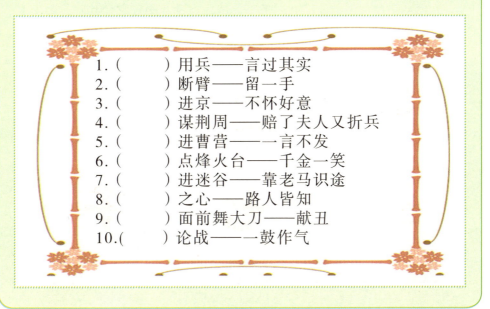

1. （　　　）用兵——言过其实
2. （　　　）断臂——留一手
3. （　　　）进京——不怀好意
4. （　　　）谋荆周——赔了夫人又折兵
5. （　　　）进曹营——一言不发
6. （　　　）点烽火台——千金一笑
7. （　　　）进迷谷——靠老马识途
8. （　　　）之心——路人皆知
9. （　　　）面前舞大刀——献丑
10.（　　　）论战——一鼓作气

8 数学和汉字的关系

以下各个谜语都打一汉字，你能猜出来吗？

A. 30天÷2

B. 72小时

C. 24小时

D. 左边九加九，右边九十九

谜底：A_____

B_____

C_____

D_____

9 巧添汉字

"一、二、三、五、七、千"，请你在这几个汉字的基础上各添上同一个字，使之成为另外6个字。

10 用"口"组字

请你说出1～10个"口"各能组成哪10个字，比如2个"口"是"吕"，3个口是"品"。

11 填汉字

在图中的空白圆圈内填入一个适当的汉字，使之与左右的字都能组成一个新的汉字，并写出来。

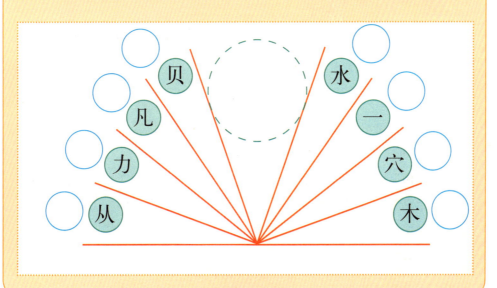

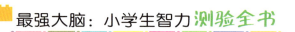

12 "人"字加笔画组字

在16个"人"字上，分别添上两个笔画，使它们变成另外16个字，你能吗？

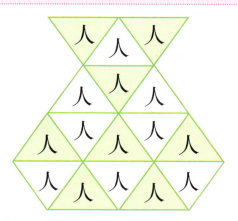

13 进"门"填字

以下故事讲的是在"门"字中加字组成新字的故事，这样的字还有很多，试着填一填吧！

"才"字进门（   ）双眼，"活"字进门摆（   ）气；

"口"字进门（   ）声好，"日"字进门站中（   ）；

"市"字进门看热（   ），"一"字进门把门（   ）；

"马"字进门别乱（   ），"虫"字进门去（   ）南；

"王"字进门是（   ）年，"圭"字进门是（   ）房；

"耳"字进门听新（   ），"兑"字进门（   ）报刊。

14 看图连线

请用线将左边的4幅春夏秋冬图与右边相匹配的成语连接起来。

莺歌燕舞

天寒地冻

鸟语花香

骄阳似火

天高云淡

白雪皑皑

鸟语蝉鸣

五谷丰登

15 组字画

这幅画是由6个字组成的。这6个字可以组成一句富有哲理的格言，你能找出来吗？

16 填空接龙

请你在空格里填入正解的字，组成接龙的一组成语。

17 接龙方阵

请你将下面五词接龙方阵的龙眼补齐。

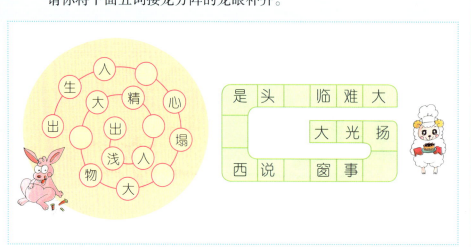

18 汉字新解

　　汉字中有一类是会意字，从这些字的构字成分就可大致看出其意义所在。下面有一些趣解汉字的题目，你都能填出来吗？

> 例：　汗：由水组成，总会有干的时候。
>
> ① _____：新东西用过一日就成了旧的。
>
> ② _____：翻过两座山，总会找到出路。
>
> ③ _____：力被困在穴里，怎能不穷。
>
> ④ _____：进门阅读就能获得知识。
>
> ⑤ _____：有了铁就失去了金。
>
> ⑥ _____：无论是施恩还是报恩，都因有颗善心。

19 成语格子

　　请你在下面的空格中填上适当的字，使它横看、竖看均为4个成语。

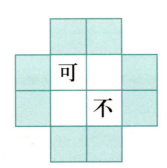

20 有趣的成语"加减乘除"法

在括号里面填上数字，使它们变成完整的成语，并且使等式成立。

（　　）窍生烟-（　　）畜兴旺=（　　）潭死水

（　　）缄其口×（　　）足鼎立=（　　）世之仇

（　　）体投地+（　　）叶知秋=（　　）亲无靠

（　　）针见血+（　　）顾茅庐=（　　）海升平

（　　）步成诗-（　　）亲不认=（　　）事无成

（　　）生有幸+（　　）谷丰登=（　　）方呼应

（　　）大皆空×（　　）言为定=（　　）脚朝天

（　　）劫不复÷（　　）钧重负=（　　）年寒窗

名扬（　　）海+如出（　　）辙=目迷（　　）色

（　　）牛（　　）毛+（　　）言（　　）鼎=

（　　）全（　　）美

21 连字组成语

从下图中的某一个字开始，按顶真格依次连完格子里的字，路线不重复，使之成为首尾相连的5条成语。

（顶真：前一词末尾的字，是下一词开头的字。如：江山如画、画饼充饥……）

人	老	下	月
雄	心	底	捞
志	壮	海	人
士	仁	人	山

22 象棋之谜

请根据下图中的"残局"猜两部电影的名字，黑子先走。

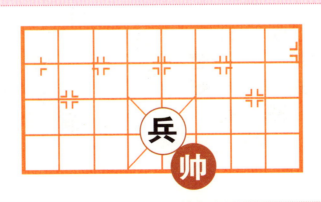

23 看图猜成语

请你根据下面两幅图，各猜一个成语。

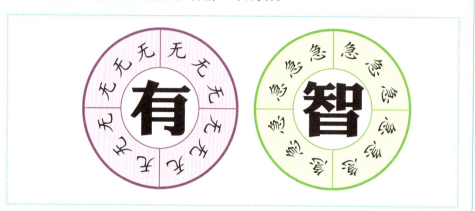

24 回环诗

宋朝著名女词人李清照和丈夫赵明诚志同道合，经常一起吟诗作词。一次，赵明诚挖空心思写了一首七言回环诗(排列形式如图1)，李清照读后，不假思索，当即提笔也写了一首七言回环诗(排列形式如图2)。赵明诚一看，心中暗暗佩服。你能将这两首诗读出来吗？

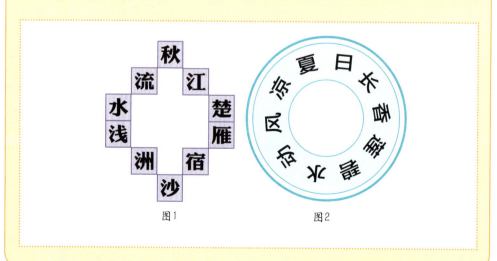

图1 　　　　　　　　图2

空间想象

1 拼风车

请你将下面的6个三角形拼成一个风车。

2 巧拼正方形

你能将下图剪成3份，再组合成一个正方形吗？

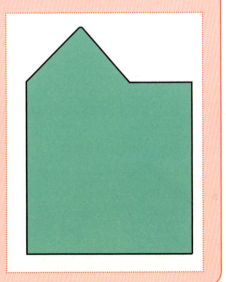

3 数一数

图中有多少个三角形和正方形呢？请把数字写在横线上。

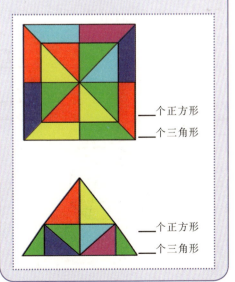

___个正方形

___个三角形

___个正方形

___个三角形

4 组成正方形

哪两个图形可以组成一个完整的正方形呢？请你用线连一连。

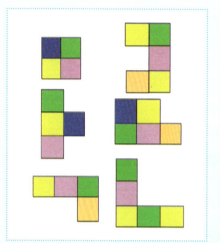

5 找一找

下面的图形哪个不能折成正方体？请把它圈出来。

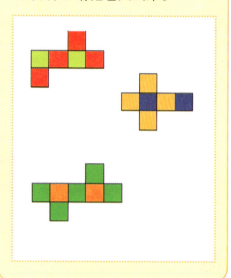

6 各有几个面

下面的图各有几个面？请把数字写在括号里。

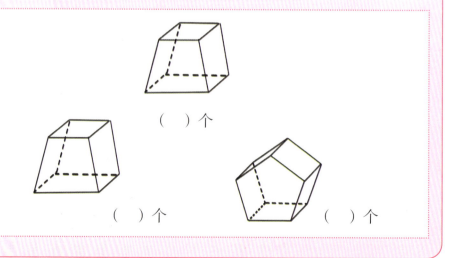

（　　）个

（　　）个

（　　）个

7 神奇的图画

偶尔换一个角度看世界，你会发现另一片天空。下面是一组简单却很神奇的图画，你能猜出它们分别是什么吗？

8 六分月牙

画2条直线可以把下面的月牙图形分为6个部分。你来试试看吧！

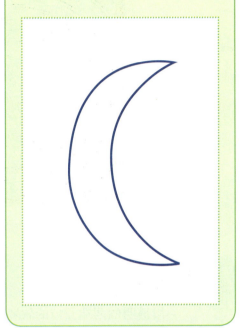

9 拼成正方形

将以下的两个图形分别剪开，怎样才能拼出正方形。

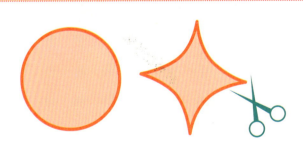

10 看图形

仔细盯着下面的图，看看是一个螺旋吗？

11 取黑球

一段透明的两端开口的软塑料管内有11只大小相同的圆球，其中6只是白色的，5只是黑色的(如图所示)。整段塑料管的内径是均匀的，只能让一个球勉强通过。如果不先取出白球，又不切断塑料管，那么，你用什么办法才能把黑球取出来？

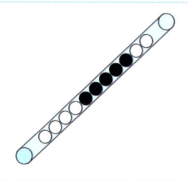

12 找配对

下面的图中只有1支箭尾和箭头是配对的，请你找出来。

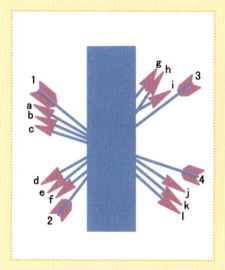

13 连星星

下面4颗摆放很不规则的星星，你能用一个正方形将它们连在一起吗？

14 狗的足迹

有4条狗，分别在A、B、C、D4个位置上。这4条狗分别跑到了E、F、G、H4个点上，但它们的足迹没有交叉，你能画出这4条狗的足迹吗？

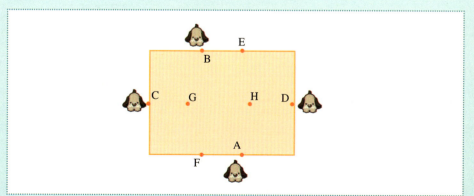

15 折"门"

在日本，这种星形物称为"门"，经常用于家族盾徽之类的物品上。乍一看，你可能会说要8张正方形纸才能做成这种"门"，但是也许有点儿多。到底需要几张正方形纸呢？

16 比较木板

下图是两块木板的素描图，如果说B木板比A木板长，其道理何在？

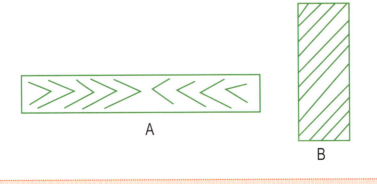

17 补缺口

请你仔细观察积木的缺口形状，如图，在A～F的小积木中哪一块正好能嵌入积木？

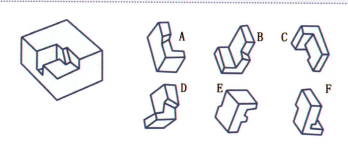

18 对应图形

如果图形1对应图形2，那么图形3对应哪一个图？

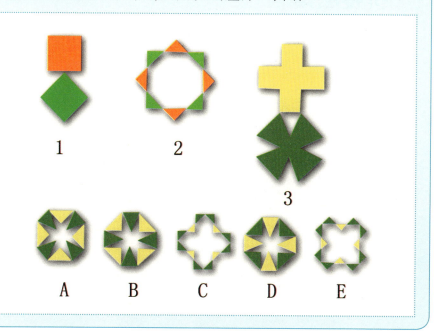

19 相同的立方体

右边的图形和另外5个图形中的哪一个相同？

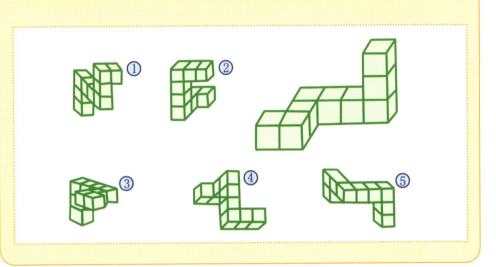

20 折叠图案

将下图纸片折起之后，物体表面的图案将是什么样的？在下面5个选项中找出正解的答案。

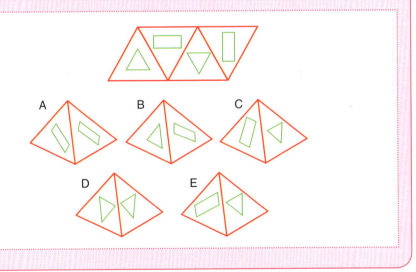

21 正方体的立体面

有一个正方体的每一个面都有美丽的图案装饰着，下图由这个正方体拆开后的各面的图案构成，那么在下面的几个选项中，哪一个不是这个正方体的立体面？

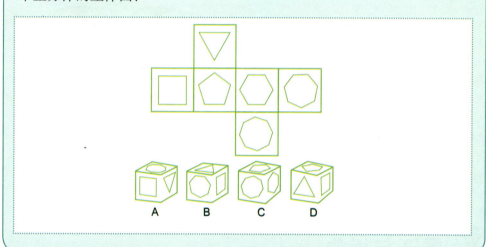

22 平面图

把立方体（底面为空白）拆开成平面后，应该是A、B、C、D中的哪一个？

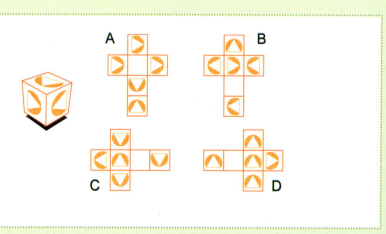

23 圆柱体

如果你将这个图形卷成一个圆柱体，那么哪一个选项将会与这个圆柱相像呢？

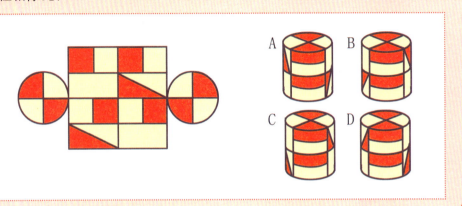

24 展开与折叠

如图是一个正方体的平面展开图，若图中的"进"表示正方体的前面，"步"表示右面，"习"表示下面，则"祝"、"你"、"学"分别表示正方体的____、____、____。

		祝
你	学	习
	进	步

图形综合

1 拼图

下列4幅图中有两幅可以恰好拼成一个完整的圆，是哪两幅？

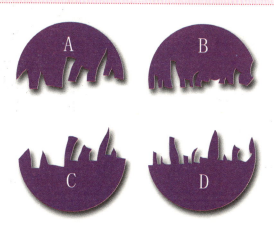

2 哪个不同

根据对称规律，下面4幅图中哪幅是与其他不同的？

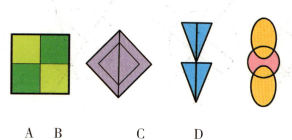

A B   C   D

3 金字塔

下图是一个由蓝圈和绿圈组成的倒金字塔，下层圆圈的颜色是由上层圆圈决定的，你知道问号处分别是哪种颜色的圆圈吗？

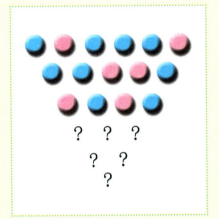

4 随意的图形

下图中所给出的6个图形都是由圆、三角形或正方形构成的，试着找出规律并接着画出问号处的三个图形。

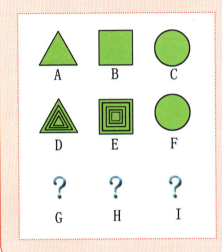

5 找不同

仔细观察，找出规律。在以下4幅图中，哪幅图与其他3幅不同？

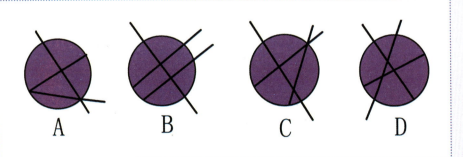

6 恰当的数

根据规律，你知道图中问号处应该填上什么数字吗？请选择正解的序号。

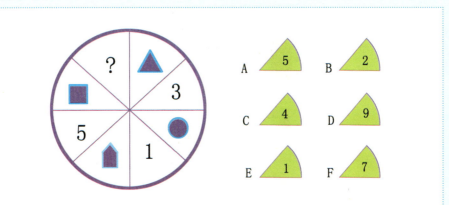

7 分土地

小黄牛和小花牛要耕种一块地，要求每种颜色的土地各耕一半。请你画一条线，把它们要耕的地分开吧。

8 相同的图案

请用线将下图分割成形状相同的四部分，每一部分中都要包括例图中的四种图案，快来画一画吧！

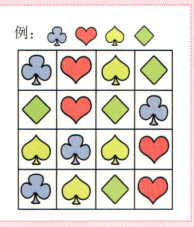

9 看积木

图中的积木从3个不同的方向看，会看到什么形状？请找出来。

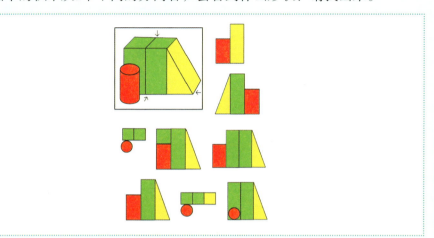

10 圆圈城的规则

这是圆圈城的地图，城里所有的路都是圆圈形的，城中的交通规则是：不能掉头，也不允许急转弯（图1）；只能走平缓路线（图2）。那么该如何从甲处通到乙处呢？

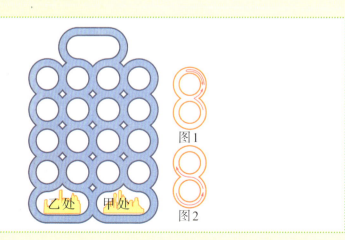

11 不同颜色的小球

用红黄蓝三色填充这个三角形，保证同种颜色的圆圈不相互接触。

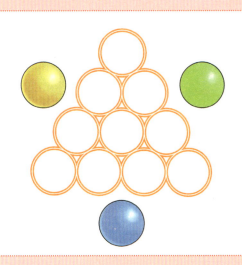

12 一笔画出的图案

下面这6幅图有一些是可以一笔画出来的，有一些是不能一笔画出来的。你能判断哪些图能一笔画出来，哪些图不能一笔画出来吗？要求是不能重复已画的路线。

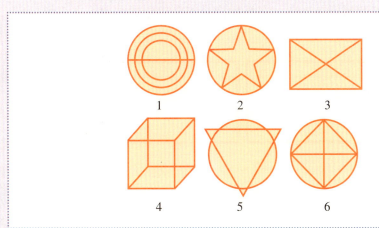

13 谁能到达

甲、乙、丙3人分别沿3条路出发，谁能最终到达目的地呢?

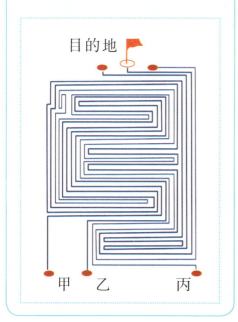

目的地

甲 乙 丙

14 图形组成

A、B、C、D4个图形分别是由上面的1～4中某几个图形组成的，请你说出A、B、C、D4个图形分别是由哪几个图形组成的。

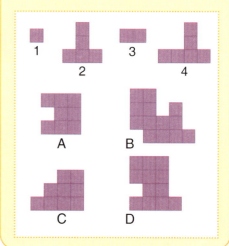

1   2   3   4

A   B

C   D

15 推图

仔细观察下面第一组图，根据规律补充第二组的图形，在正解的序号上划√。

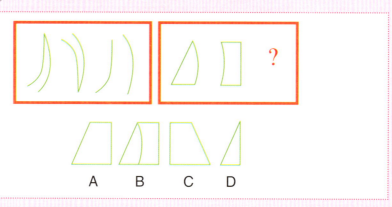

?

A   B   C   D

16 填入图形

根据规律推断出问号部分应当填入什么图形。

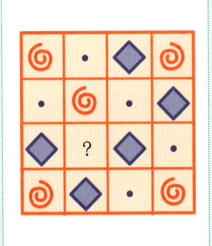

17 不需要的图形

正确组合可以将以下碎片组成一个正方形，但是其中有两块是不需要的，你能找出是哪两块吗？

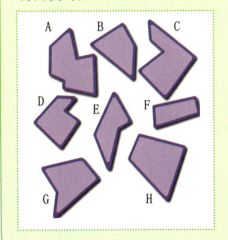

18 变脸

图中前7个图的变化有一定的规律。最下面的A、B、C3个图中，哪一个是符合这一规律的第8个图？

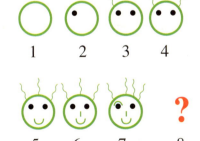

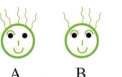

19 判断图形

仔细观察下面4幅图形，依据图形变化规律，从A、B、C、D、E中选出适合的第5幅图形。

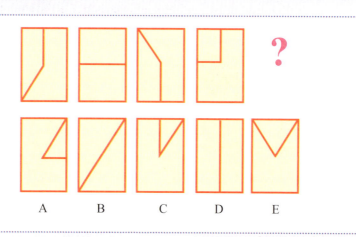

A   B   C   D   E

20 最长的围栏

一块种满了卷心菜的田地，A、B、C、D4人每人分19棵卷心菜，4人都用围栏围起，看看谁的围栏最长。

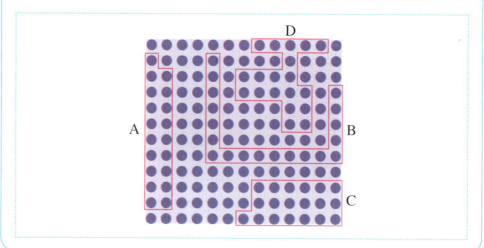

21 选择图形

观察第一组图形，依据记忆中的规律，从下面4个选项中选出第二组图形中缺少的图形。

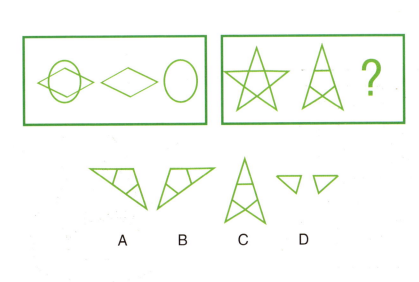

A　　B　　C　　D

观察分析

1 找到小兔子

怎样走才能找到小兔子？

2 微笑的脸

花几秒钟看看这张微笑的女人的脸，然后再把书上下翻转，你就会有惊人的发现。请指出图中的2处错误各是什么？

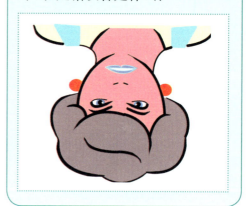

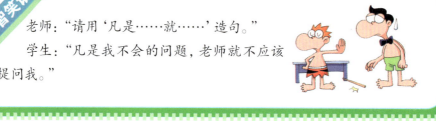

益智笑话

老师："请用'凡是……就……'造句。"

学生："凡是我不会的问题，老师就不应该提问我。"

3 找不同图形

以下两幅图非常相像，但并不是完全相同，你能找出这两幅图的10处不同吗？

4 找错误

下图中有一个错误，请找出来。

5 找不同

下面两幅图有9处不同，请试着找出来。

6 找相同图形

仔细观察下面的图，数一数图中有多少个相同的图形。

7 犯错的小熊

下面两幅图有6处不同，请试着找出来。

8 特别的画面

仔细观察下图，能看到一个特别的画面。你发现了吗?

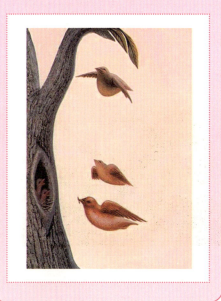

9 画中画

这画可不是普通的画，仔细观察此图，从不同的角度看，你都发现了什么?

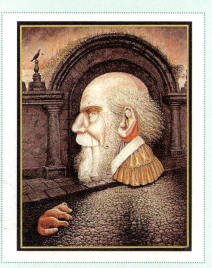

10 小蚂蚁搬家

下面两幅图有8处不同，请试着找出来。

11 看图找不同

下面两幅图有6处不同，请试着找出来。

12 不同形状的图形

不考虑大小，你能数出下面图形中共有多少种不同形状的图形吗？

13 不见的字母

这里原本有26个字母，但事实上少了一个，你能看出哪一个字母不见了吗？

14 不合规律的图

你能找出不符合排列规律的图形吗？

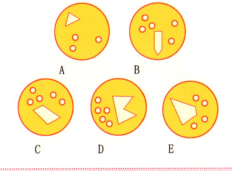

15 不同的图

下面哪一幅图的排列规律不同于其他4幅图？

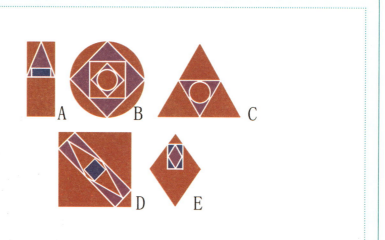

16 不同的图形

下面哪幅图不同于其他4幅？

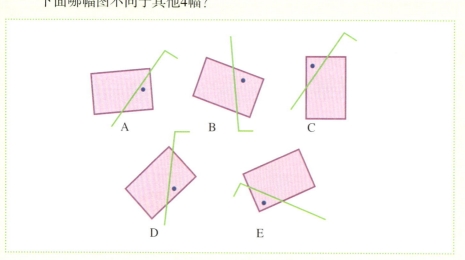

17 相同的帐篷

下面12顶帐篷看上去各不相同，但是其中有两顶是相同的，是哪两顶呢？

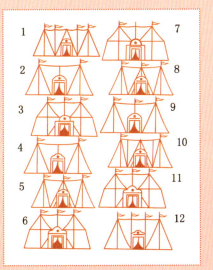

18 特殊的图形

你能找出下图中与其他图形不同的一幅吗？

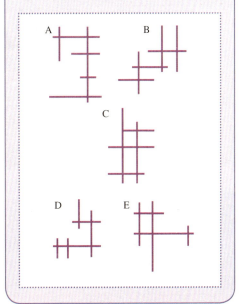

19 正方形头巾

阿拉伯国家的人喜欢戴头巾，他们的头巾各式各样，十分好看。下面这块带刺绣的正方形的头巾是由很多个小正方形组成的。你能数出头巾中共有多少个正方形吗？

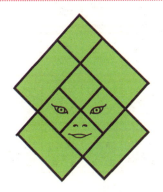

20 不对称的图案

下图中有一组与其他3组都不对称，请找出来。

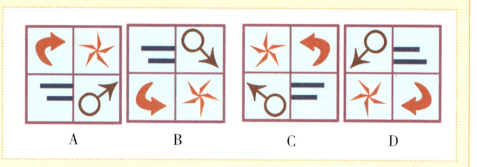

A   B   C   D

21 找出不同的图案

下面有6组图案，每组图案中都有一个图案与其他图案略有不同，请找出这些图案。

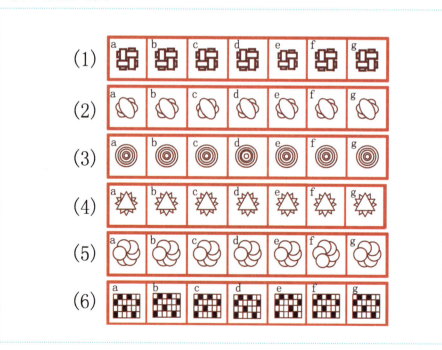

22 相同的画面

下面的3个小方格的画面与整个大画面中的哪个相同呢?在括号中填上数字标号。

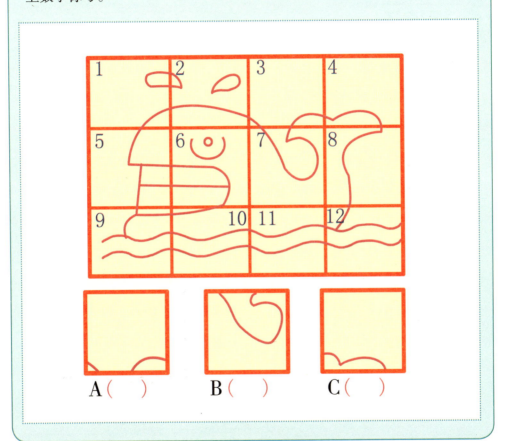

A( )　　　　B( )　　　　C( )

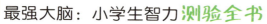

动手创造

1 摆椅子

如图，这把椅子翻倒了，你能否只移动2根木棍将椅子摆正过来？

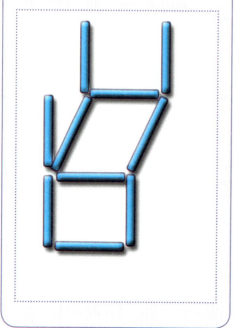

2 变小写字母

下图是用小木棍组成的英文字母"E"，如果想要加一根木根使其变成小写，该怎么做？

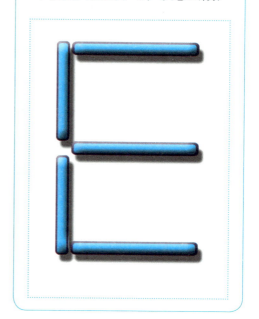

益智笑话

飞机上，一位空中小姐问一个小女孩："你知道为什么飞机飞这么高都不会撞到星星吗？"

小女孩回答道："我知道，因为星星会'闪'哪！"

3 移出硬币

　　如图，用4根火柴摆出一个杯子的形状，将硬币放在中间。现在，请你只移动两根火柴，将硬币从杯子中移出，并保证火柴仍组成杯子的形状，快来试试吧！

4 摆火柴

　　怎么摆放才能使下面6根火柴棍彼此接触？

5 移动火柴棍

在每个等式中移动1根火柴棍，使等式成立。

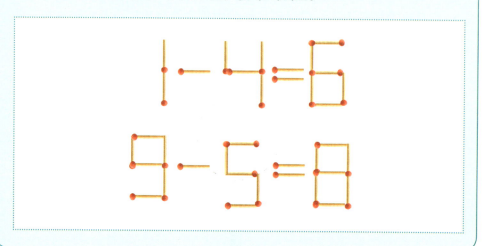

6 花瓶的另一半

请你按照图形对称的原则，为下面的两个花瓶画出另一半。

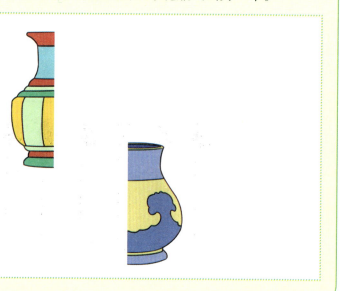

7 鸡蛋兄妹

家里有好多鸡蛋壳，扔了怪可惜的，不如来做一对可爱的鸡蛋兄妹吧！

材料：两个稍完整的鸡蛋壳、胶卷筒、毛线、彩带、记号笔、瓶盖、剪刀、双面胶。

1.将鸡蛋壳放在胶卷筒上，用双面胶粘上毛线做头发。

2.用彩带和瓶盖等装饰发型。

3.用记号笔分别画出哥哥和妹妹的脸。

4.大功告成。除了鸡蛋兄妹，你还可以做出鸡蛋一家人，快快行动吧！尽情发挥你的想象……

8 猫变老鼠

有一只猫居然想变成老鼠，听起来好不可思议呀，你能帮助它实现这个愿望吗？

材料：白纸、笔、剪刀、橙色马克笔。

按照图案将猫画在白色的纸上，然后剪成4块拼版。一只可爱的猫就做成了。

把拼成猫的4块板拆散，能不能拼出一只老鼠呢？听起来好像不可思议，其实并非无法实现，不妨按照左图的拼法试试看吧！

益智笑话

象棋和围棋的区别是什么？"

答案：象棋上将不了，围棋上将不多

9 牛奶的妙用

牛奶不仅可以喝，还能拿来玩呢！你肯定会问，怎么玩啊？不都洒了吗？别着急，你只要开动脑筋，把牛奶变成奶泥，那不就可以像天津的"泥人张"那样捏泥人了吗？想捏什么就捏什么，小猫小狗都可以，还可以捏一头小奶牛呢！快来动手试试吧！

10 筷子桥

把一根筷子横跨在两只装满水的大碗上，形成一座桥。请你猜一猜，当筷子桥被外力突然劈断时，大碗里面的水会倾覆吗？

【提示】用手劈筷子的时候，为了避免伤到手，一定要戴上防护手套哟！

两只大碗　水

一根筷子

11 小鱼掉头

有一只用8根火柴摆成的小鱼，你能只移动3根火柴就让小鱼掉个头吗？

12 相反的房子

你能只移动一根火柴，使图中房子的朝向与原来的方向正好相反吗？

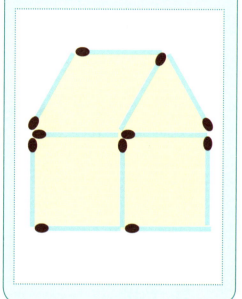

13 重摆图形

用12根火柴再拼一个图形，使它的面积是下图的3倍。

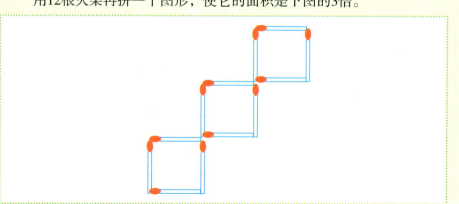

14 上下颠倒

由10个圆圈排成一个三角形，你能否只移动其中的3个，就让三角形上下颠倒呢？

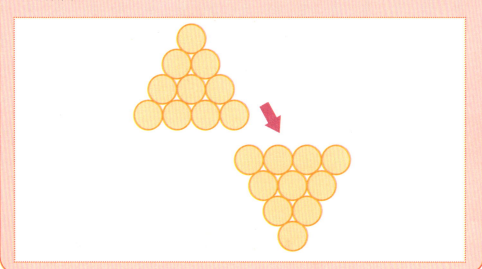

15 摆正方形

谁都会用12根火柴摆出3个正方形，但分别用11根火柴、10根火柴摆出3个正方形，你会吗？

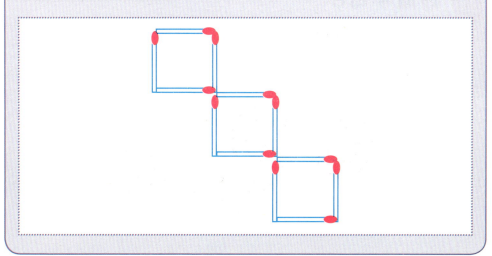

16 变等式

小丽动了哪一根火柴，使得原先成立的等式变成这个样子呢？

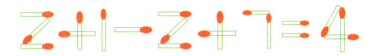

17 三种方法变等式

如果让你只移动算式中的一根火柴，使得算式成立，至少有三种方法，你都会吗？

18 妙取字母B

如果不损坏A、B、C，又不剪断绳索，怎样才能取下B？

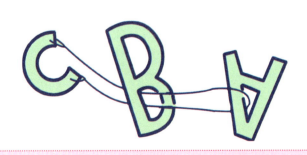

19 妙手变汉字

在每个字上移动一根火柴，把它们变成另一个汉字。

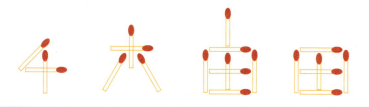

20 九点相连

请开动脑筋，只用4条相接的线段(一笔完成)，将下图中的9个点连接起来。

益智笑话

有一次，上历史课的时候，老师问一个学生："谁是路易十四？"

这个学生回答："路易十四不就是路易十加路易四吗！"

老师听后没好气地说："你怎么不说是路易七乘路易二呢？"

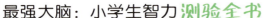

21 奇妙的莫比斯环

　　拿出一张长纸条，将其中一端反转之后，再把两端连接固定，形成1个纸环，即莫比斯环（如图1）。莫比斯环最妙的地方不是如何形成，而是在不断的裁剪中，变化无数，令人倾倒。

　　先把转折1次的纸环沿着宽度1/2处剪开（如图1中的虚线），这样会形成一个两倍长度、转折2次的纸环（如图2）。接下来把转折1次的纸环从宽度为1/3处剪开（如图3中的虚线）。等分后，会出现什么情况呢？请先仔细思考，然后再自己实践。

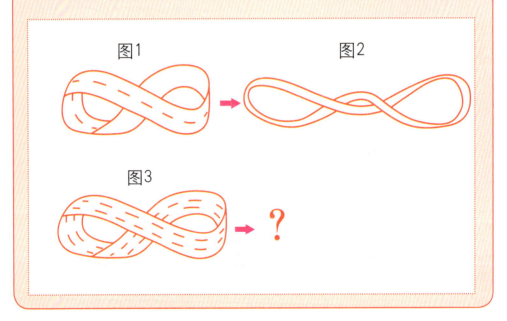

图1　　　　　　　　图2

图3　　→　？

参考答案

参考答案

第二章 初级篇

数学能力

1.

$$1 + 4 = 5$$

$$9 - 9 = 0$$

2. 小熊的密码是：333

小猴的密码是：234

3.

```
        ↓
   ↓    3    ↓
      4  3  4
→  1  2  0  2  1
```

4. 雪糕+花+蘑菇

5.

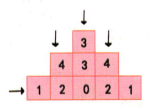

684321   123456
654321
754321   654421

第二章 初级篇

6.

7.

☀ + ☽	=	40
22 − ☀	=	1
☀ + ☆	=	35
☀	=	21
☆	=	14
☽	=	19

8.

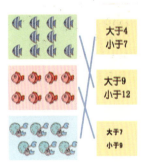

大于4 小于7

大于9 小于12

大于7 小于9

第二章 初级篇

9.

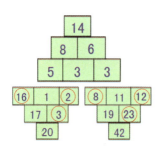

10.

$$\text{豌豆} + \text{茄子} + \text{番茄} + \text{辣椒} = 18$$
$$\text{辣椒} + \text{豌豆} + \text{辣椒} + \text{辣椒} = 13$$
$$\text{番茄} + \text{辣椒} + \text{豌豆} + \text{番茄} = 19$$
$$\text{豌豆} + \text{豌豆} + \text{豌豆} + \text{辣椒} = 16$$

茄子 5 番茄 6 豌豆 4 辣椒 3

11.

12. 一头大象等于14头猪的重量。

13.

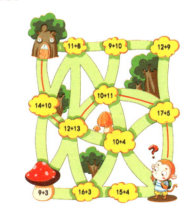

| 20元 | 9元 | 12元 | 15元 | 8元 | 13元 |

14. 可能。由两天前到今天就增加了1岁，今年还要增加1岁，可以判断，今天是1月1日，老人的生日应该是在年末12月31日。

15.

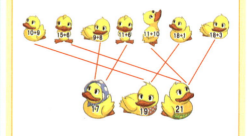

16.

第二章 初级篇

17.

18.

19.

第二章 初级篇

20.

19	20	11
−11	−12	+9
8	8	13
11	20	10
+11	−9	+11
22	11	21

20

21.

③ + ② = ⑤

⑥ + ④ = ⑩

⑧ + ① = ⑨

22.

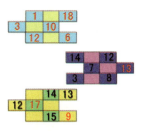

23.

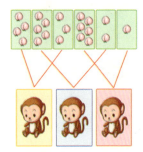

第二章 初级篇

语言能力

1. 凶猛的老虎、胆小的老鼠、顽皮的猴子、美丽的孔雀、懒惰的小猪。

2. 提示：故事可以从不同的角度来讲，如两只羊相互争执，结果全部落水；或者它们彼此谦让，顺利过桥。

3. 第一行：饭，机
第二行：水，冰

4.

5. 略。

6.

7. 小猪不小心把书弄坏了。
小猪和小猫成了好朋友。

第二章 初级篇

小猫借给小猪一本书。

8.

9. 略。

10. 昨天吃比萨了。
今天正在吃比萨。
明天还要吃比萨。
昨天下雨了。
今天天晴了。
明天要下雪。

11. 我见到你非常开心。
谢谢你送给我的礼物。

12.

13. 略。

第二章 初级篇

14.

15.

端午节　　　　　中秋节

16. 略。
17. 略。
18.

讲故事略。

第二章 初级篇

19.

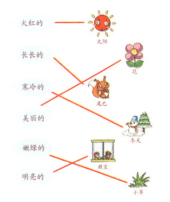

20. 一心一意　　三心二意
21. 大海是我们的家。
22.

（1）

（2）

23.

最强大脑：小学生智力测验全书

第二章 初级篇

观察注意力

1.

2. 都选择中间的太阳。

3.

4.

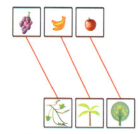

5. 3、1、2

6. 右边的小朋友先到达。

7. 戴帽子的小朋友最重。

8.

9.

10.

11.

第二章 初级篇

12.

A

B

C

D

13.

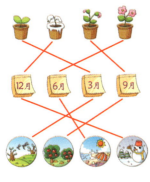

14.

第二章 初级篇

15.

16.

17. 树上有3只动物；树洞里的动物是松鼠；在空中飞行的动物是小鸟和蜻蜓；图中共有8只动物。

18. C

19.

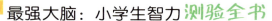
第二章 初级篇

第二章 初级篇

20. 7。

21. C

22.

23.

记忆力

1.

2.

3. 略。

4. 略。

5.

6.

第二章 初级篇

7.

①

②

③

8. 略。

9.

10.

第二章 初级篇

11.

12.

13.

14.

第二章 初级篇

15. 略。

空间想象力

1.

2.

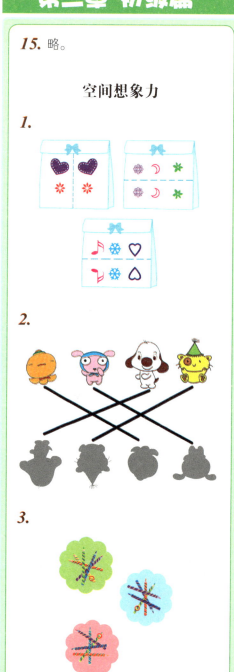

3.

4.

5.

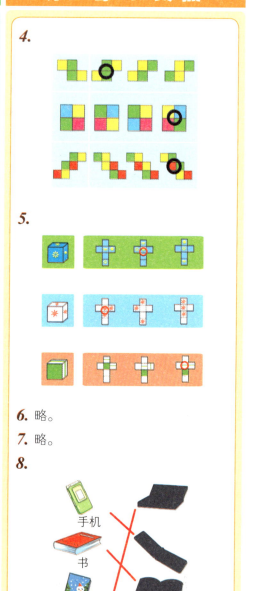

6. 略。

7. 略。

8.

手机

书

贺卡

文具盒

第二章 初级篇

9. 水。

10.

11. 略。

12. 略。

13. 略。

14.

第二章 初级篇

15.

16.

17.

18.

19. 3个。

图形辨别能力

1.

2.

3.

4.

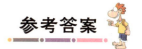

第二章 初级篇

第二章 初级篇

5.

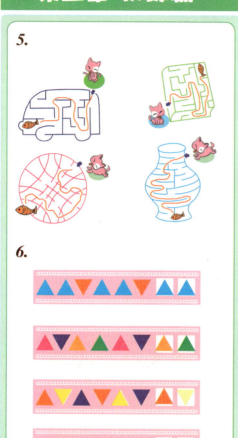

6.

7.

8.

9.

287

10.

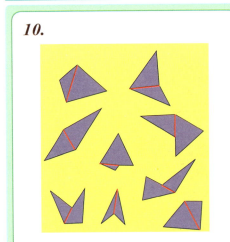

11.

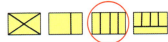

12.

13.

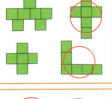

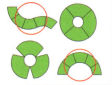

14.

15.

第二章 初级篇

16.

17.

18.

第二章 初级篇

19. A F C

20.

21.

22.

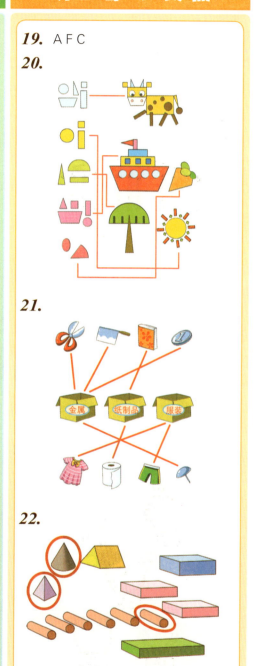

第二章 初级篇

动手能力

1. 略。

2. A.长颈鹿　B.飞机

3. 略。

4.

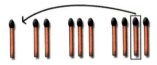

5. 略。

6. 略。

7.

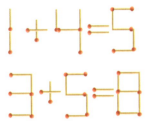

8. 略。

9.

第二章 初级篇

10. 略。

11. 略。

12.

13. 略。

14. 略。

15. 略。

16. 略。

第三章 中级篇

逻辑推理

1. 还是需要5只猫。

5只猫5分钟可以抓到5只老鼠，延长5分钟的话，还可以再抓5只，延长至100分钟，就可以抓100只。

2. 乙、丙、甲、丁。

3. 只有1朵兰花。

4. 是第8只兔子。

把10只兔子按顺序排列为1、2、3、4、5、6、7、8、9、10。第一次报数，单数的兔子都可以离开；剩下2、4、6、8、10这5只。再次报数，2、6、10可以离开，剩下4和8。4报1，离开，剩下8被吃。

5. 按说话先后，赵先生喜欢足球；王先生喜欢乒乓球；孙小姐喜欢羽毛球；韩小姐喜欢保龄球。

6. 彼得的兄弟叫瑞克且没有胡子，由排除法可知道彼得的兄弟可能是乙、丙；又因为乙说他的兄弟没戴眼镜而彼得戴眼镜，所以彼得和丙是兄弟，丙叫瑞克。

因为其他人都有名字，所以莱克斯的兄弟只能在甲、乙之中；因为甲的兄弟是红头发而莱克斯是光头，所以莱克斯的兄弟是乙，名字是伊恩，那么甲就是约翰，和艾伦是兄弟。现在只剩下戴夫和弗瑞德，他们是兄弟。

7. 小白兔买了黑外套，小黑兔买了灰外套，小灰兔买了白外套。或：小白兔买了灰外套，小黑兔买了白外套，小灰兔买了黑外套。

8. 小红是汉县的选手，得三等奖。

由（2）、（4）可得，小刚不是二等奖；又由（5）可知，所以小刚是一等奖。由（2）、（3）可知，小刚是水乡选手。小刚是水乡的，再加上（1），小青是沙镇的选手，得二等奖，所以小红是汉县的选手，得三等奖。

9. 丙完全正确，甲说对一半，乙完全说错了。或：乙完全正确，甲说对一半，丙完全说错了。

10. 4个。

最差的情况下抓3个每个颜色都不同的果冻，所以再多抓一个，里面一定会有两个果冻是一样颜色的。

11. 由题意可知，身高顺序：小赵＞小钱，小孙＞小李，小钱＝小周。所以，小赵＞小钱＝小周＞小李，则小赵比小

第三章 中级篇

李高，选D。

12. A躺在床上，B看书，C写信，D修指甲。

由（1）、（2）、（4）得，D在修指甲；由（3）得，A躺在床上；现在就剩下B和C在看书和写信，因为（4），C应该是在写信，B就是在看书。

13. 12点05分。

将最慢的表（时间最早的）加上慢的最多的，即11点40分加上25分钟就是12点05分，那么12点08分的快了3分钟，12点15分的快了10分钟，11点53分的慢了12分钟。

14. 一共有120个石榴。

姐姐摘了70个，妹妹摘了50个，所以共有120个石榴。

15. 上个月是2月，只有28天，他们在上上个月，即1月17日结的婚。

16. 由题干得知，4个城市有3种天气情况，济南与合肥的天气相同，郑州和南京当天没有雨，那么就得知只有郑州和南京两个城市的天气情况不一样，才有3种天气情况存在。

郑州和南京的天气没有雨并且

第三章 中级篇

两个城市的天气情况还不一样，那么就说明它们中的一个城市是晴天，另一个城市是多云。

最后就得知济南和合肥的天气是有雨。所以最后只有C不正确。

这道题还可以用简单的排除方法，首先已知济南和合肥的天气情况一样，就可以知道答案A或者答案C中有一个是不正确的。

又已知4个城市有3种天气，而答案B与答案D的天气一个是多云一个是晴，那么显然答案C是不正确的了。

17. 右边的是杰瑞，中间的是约翰，左边的是凯特，而且凯特说谎了。

18. C

19. 相片上的人是小飞自己。

20. 一瓶可乐1块钱。显然，阿聪没钱，阿傻有9角9分。

21. 实际上是祖孙三代：爷爷、父亲、儿子。爷爷给了父亲150元，父亲给了他的儿子100元。

22. 现在是上午，胖的是哥哥。

假设现在是上午，那么哥哥说实话，因为较胖的说了实话，所以较胖的是哥哥；较瘦的是弟弟，说了谎话，没有矛盾。

第三章 中级篇

假设现在是下午，弟弟要说真话，两个人都说自己是哥哥，显然弟弟说谎，所以矛盾。

23. 应该填4，每个六边形中下面的数都等于上面数的平方数分别减去1、2、3、4、5。

24. 蛋糕有可能被2个人偷吃，A和C，也有可能被3个孩子偷吃。

如果A说谎，那么B也说谎；如果B说谎，那么A也说谎；所以只有C说谎。那么A肯定吃了，C也吃了，B也有可能吃，也有可能没有吃。

数学演算

1.

2.

$$I = III - II$$
$$III + I = IV$$

第三章 中级篇

3.

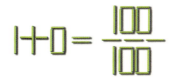

$$I + 0 = \frac{100}{100}$$

4.

5	+	7	=	12
-		-		+
1	+	3	=	4
=		=		=
4	×	4	=	16

5. 他们得分如下：2只箭射中了25环，2只箭射中了20环，2只箭射中了3环。

6. 提示：先加每条线上有2个数字的，在没有2个数字的情况下要先从1开始排。

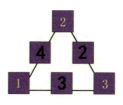

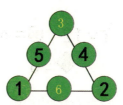

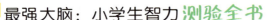
第三章 中级篇

7. A是2或0；B是1；C是0。

8. 锯5次。

因为90除以15等于6，这根90厘米长的木头，可以分成6段15厘米长的短木头段，所以锯5次即可。

9. 假设玫瑰花的价格为x。则x－（15－x）=10，x=12.5。得知，花12.5元，包装2.5元。如果不列方程式，人们往往拘泥于整数猜想。

10. （1+2）－（3+4－5）=1

（1+2+3+4）÷5=2

（1+2+3×4）÷5=3

1×2+3+4－5=4

1+2+3+4－5=5

1×2+3－4+5=6

1×2×3－4+5=7

1+2×3－4+5=8

1+2－3+4+5=9

1+2+3×4－5=10

11. 52张扑克牌中有4张A。那么概率就是4:52，即1:13。

12.

$$\bigstar = 12 \quad \bullet = 4$$

$$\blacklozenge = 6$$

13. 81－4+9－7－66+5=18。

第三章 中级篇

14. （1）图上左数第3个是小明。

2+4+1=7 （2）3+4=7（这样想：小明前面有两个人，就用2表示；排在他后面的有4个人，就用4表示；别忘了还有小明。）

15. 23岁

因为年龄的差距总是23岁，那么只有当我是23岁的时候，我父亲的年龄才能是我年龄的2倍。

16. 2只小猴子抬着走300米，共要走300×2=600（米）。3只小猴子轮流抬，每只小猴子抬西瓜平均走了300×2÷3=200（米）。

17. 这道题其实运用到了余数知识。气球6个为一组，就用44÷6=7……2，说明有7组，还余下2个，剩下的第2个就是第44个气球。按红色、蓝色、黄色、紫色、绿色、橙色的顺序，第2个（即第44个）气球就是蓝色。

18. 一共有85人。

人数最少的情况是最后一次4等分时，每组为1人，由此推理得到：第三次分之前有1×4+1=5（个），第二次分之前有5×4+1=21（个），第一次分之前有21×4+1=

第三章 中级篇

85（个）。

19. 15

20. 乘积为0。

因为所有数中包括0，而无论前面的数相加等于多少，0乘任何数仍然是0。

21. 对折30次就是30个2相乘，结果是1 073 741 824，再用1 073 741 824和0.01毫米相乘，得出10 737 418.24毫米，也就是10 737.418 24米，比珠穆朗玛峰的海拔高度还高。

22. 小男孩年龄的末尾添上一个0就是他爷爷的年龄，说明爷爷的年龄是小男孩年龄的10倍，把小男孩的年龄看成1份，爷爷的年龄就是这样的10份，小男孩的年龄和爷爷的年龄一共11份，也就是77岁，所以，小男孩的年龄：77÷(1+10)=7 (岁),爷爷的年龄就是 7×10=70（岁）。

23. 123−45−67+89=100。

趣味文字

1.

千山鸟飞绝，万径人踪灭——销声匿迹

第三章 中级篇

千里江陵一日还——一日千里

读书破万卷，下笔如有神——博闻强记

欲穷千里目，更上一层楼——登高望远

谁知盘中餐，粒粒皆辛苦——来之不易

危楼高百尺——高耸入云

2.（1）心猿意马、马到成功、功败垂成、成千上万、万众一心

（2）一无所有、有口无心、心口如一

（3）人定胜天、天下太平、平易近人

3. 钟表是有一定构造、规律的，是由人制造出来的，有其制造者工匠，所以A、B项都不对。而D项错在：蜜蜂建造蜂巢是无意识的本能行为，没有计划性、目的性。本题正确选项应当是C。

4. "木"字的旁边是"不"字。

5. B。

窑是制造陶瓷的地方。A和D显然错误，C中砖场是码砖的地方，而不是制造砖的地方。

6. B。

龙头控制水的流止，开关控制电的流止。

7. B。

此题具有很大的迷惑性，A、D都可能被误选。表盘与钟表、齿轮

第三章 中级篇

与发动机是部分与整体的关系，但选项A并不对应。房间与钟表、汽车与发动机都是场所与物品关系，但选项D也对应有误，所以虽然关系可能一致，但并非正确选项。此题答案为B，是部分与整体准确的对应关系。

8. 狗坐轿子——不识抬举

一二五——丢三落四

愚公的房子——开门见山

下地不穿鞋——脚踏实地

射箭没靶子——无的放矢

9. A.只手遮天　　B.一刀两断

C.无中生有　　D.比翼双飞

10. 南腔北调　　南辕北辙

东涂西抹　　东拼西凑

11. C。

12. 钳子。

其他都是锯状物。

13. 父进士，子进士，父子皆进士；婆失夫，媳失夫，婆媳皆失夫。

14. 门上写"心"是指"闷"，说明齐白石心情不好，不想见客。

门上写"木"是"闲"，说明齐白石现在有空。

第三章 中级篇

15. 撒哈拉沙漠。

一共5个字，它的面积是900万平方公里。撒哈拉沙漠的地表主要是干草原、沙丘、矿质荒漠和荒地山等。

16.

外表再漂亮，也掩饰不住内心的空虚。　（ J ）
谁多给一点，就偏向谁。　　　　　　　（ B ）
只要被人一吹，便飘飘然了。　　　　　（ E ）
得势时趾高气扬，失意时威风扫地。　　（ K ）
大红之日，便是大悲之时。　　　　　　（ A ）
因居高临下，才口若悬河。　　　　　　（ C ）
伶牙俐齿，去做离间之行为。　　　　　（ D ）
没有华丽的外表，却有充实的大脑。　　（ H ）
看似十分坦荡，却悄悄设了防。　　　　（ F ）
可以回到起点，却已不是昨天。　　　　（ G ）
思想稳定，东西再好不被诱惑。　　　　（ I ）
能坐享其成，靠的就是那张"关系网"。（ L ）

A.虾　B.天平　C.瀑布　D.锯子
E.气球　F.玻璃　G.钟表　H.核桃
I.指南针　J.花瓶　K.树叶　L.蜘蛛

17. 略。

18. 电文每字上半部分：五人八日去九龙取金。

19. 藏头诗：李调元。

20. 中间是"木"字。

21. 船桨像梳子，梳着河流的头发。

太阳像梳子，梳着大地的头发。

微风像梳子，梳着柳叶的头发。

22. 因为"一不做，二不休"。

第三章 中级篇

23.

（一）尘不染	
（两）面三刀	
（三）思而行	
（四）海为家	
（五）光十色	（六）神无主
（七）窍生烟	（八）面威风
（九）霄云外	（十）全十美

空间想象

1. 乌龟，兔，大象，狗，鸭子。

2. B

3. 25个

4.

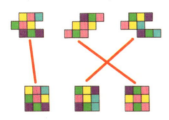

5.

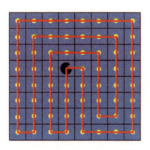

第三章 中级篇

6.

7. A

8.

9.

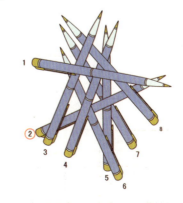

10. 细心观察，其实一辆车在另一辆车的上面，你看到了吗？

11.

12. A是从正面看的客机，B是从上往下看的直升机，C是从上往下看的手表，D是从正面看的鼠标。

13. A

14. A是一个正在祈祷的女人，B是猪尾巴，C是爬树的熊，D是一条吞下跳羚的蛇。（仅作参考）

15.

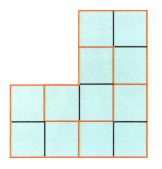

16.

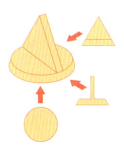

17. 像图中那样画一条横线就得到了5个水杯。

18.

19. 将书顺时针旋转90°看看。

第三章 中级篇

20.

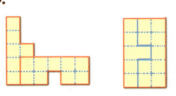

21. D图不属于同一个立方体。

22. C

图形综合

1.

2. 略。

3. 略。

4. A

5.

第三章 中级篇

6.

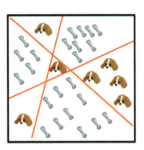

7. 将右眼闭上，用左眼注视黑三角。

8. B。

9. 5步到达终点。

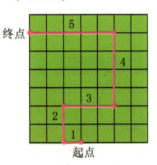

10. 前3个图分别是由2、4、6的正反方向相接而成，所以第四幅图是由2个8拼成，即88。

11.

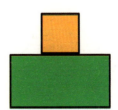

第三章 中级篇

第三章 中级篇

12.

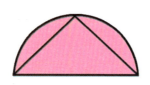

13.

14. 9个。

15.

(5)

16.

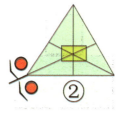

17. 20个。

18.

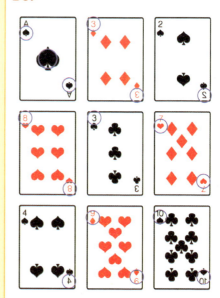

19. E。

因为除了E之外，所有图中的小三角形的个数都是它们所围绕的图形边数的2倍。

20. A

观察分析

1. B。

其他三个既是左右对称也是中心对称图形；而B只是左右对称，而不是中心对称。

第三章 中级篇

2. 只有这一张脸没有笑容。

3. E

4. 右边，因为重心右移。

5. 从左下角开始沿着逆时针方向旋转，4个动物出现的顺序相同。

6. F

7.

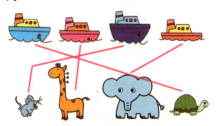

8.

第三章 中级篇

9.

10. B属于甲组，ACD属于乙组。甲组的图形都是由连贯的线构成，乙组的图形是由2条及以上不连贯的线构成。

11.

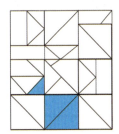

12.

13. A

第三章 中级篇

14. 工具有锯子、铁锤、镰刀、手电筒、显微镜、刀、喇叭。

15. 左图是夏天。因为夏天11点钟的太阳处于屋顶上方，照射进屋的光线形成的面积小。下图是冬天。

16. A。除A外，其余的两两成对。

17.

18. D

19. 右边的壶装水多。

20. 粉色。

21. D钟表上应该显示的时间是2：00。

22.

第三章 中级篇

动手创造

1.

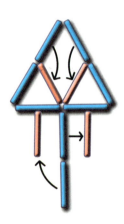

2. 沿着虚线剪开，再拼接在一起即可。

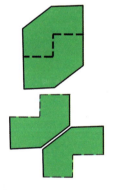

3.

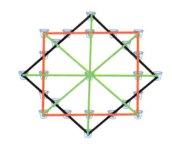

第三章 中级篇

4.

5.

6.

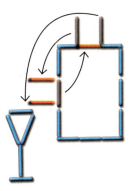

7.

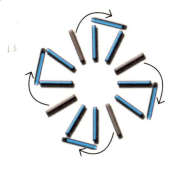

第三章 中级篇

第三章 中级篇

8. 略。

9. 略。

10.

11. 略。

12.

13.

14. 略。

第三章 中级篇

15.

16.

17. 略。

18.

第三章 中级篇

19.

20. 略。

21. 略。

22.

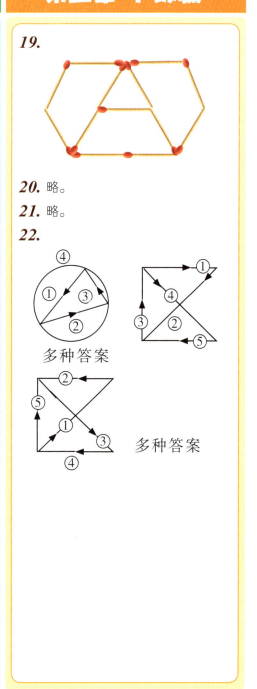

多种答案

多种答案

第四章 高级篇

逻辑推理

1. 小兔、小猴、小猪、熊猫、小松鼠、小狗

2. 他们都是君子。（先假设甲说的是假话，那么，他就是君子，这和君子说真话相矛盾。所以甲说的是真话，那么他就不可能是小人，乙也是君子。）

3. 甲是医生、乙是律师、丙是编辑。

4. D。（假设A是冠军，则甲、丙猜测正确，不符合题意，排除；假设B是冠军，同理亦排除；假设C是冠军，则乙、丙猜测正确，不符合题意，排除；假设D是冠军，则只有乙猜测正确，符合题意）

5. C盒子里有梨。（因为A盒子上的话和D盒子是矛盾的，所以二者必有一真。那么B盒子和C盒子上的话都是假的，所以可以知道C盒子里有梨）

6. 手表是乙最先发现的。（因为三个人都在场，所以丙说他不知道谁先发现的，是假的，即丙说："不是我"是真的。那么乙说的"也不是丙"是真的，则乙说的"不是自己"就是假的）

7. A。（假设老鼠A说的是真话，那么其他三只老鼠说的都是假话，这符合题中仅一只老鼠说真话的前提；假设老鼠B说的是真话，那么老鼠A说的就是假话，与老鼠C的话矛盾；假设老鼠C或D说的是真话，这两种假设只能推出老鼠A说假话，与题干不符。所以A选项正确，所有的老鼠都偷了奶酪。）

8. 8个孩子。

9. 家中有3个人，妈妈买了4根香蕉。

10. 应打开乙箱子。（甲箱子上的话一定是假的，如果甲箱子上的话是真的，那么乙箱子的话也是真的，这是互相矛盾的。）

11. 有机会。（女儿可以先拿1个苹果吃，吃完了再拿剩下的2个苹果。）

12. A。

13. 如果约翰是自杀的，拉开飞机舱门的时候，放在座椅上的遗书会被风刮出舱外。显然，飞机驾驶员在撒谎。

14. 先两端各放3枚硬币，轻的一端含有轻的硬币。再取轻的一端中的三枚硬币中的两枚，置于天平两

第四章 高级篇

端。如果天平不平衡，那么轻的一端放的就是那枚轻的硬币；如果天平平衡，那么未放入天平的那枚就是轻的硬币。

15. 3只。（暗中拿两只袜子，可能是一黑一白。拿三只袜子，第三只非黑即白，这样就可以保证最少有两只袜子颜色相同了）

16. 需要6次。（一虎一牛过河，一牛返回；两虎过河，一虎返回；两牛过河，一牛一虎返回；两牛过河，一虎返回；两虎过河，一虎返；两虎过河。）

17. 詹姆斯趁守门人未出来巡视的10分钟间隙，快步走向城门，当守门人出来巡视时，又转身向回走。守门人误以为他想溜出城去，于是就把他赶进了城堡。

18. A、B、E、G是男孩；C、D、F是女孩。

19. 第四个钟表显示是6：50。分针分别逆时针走5、10、15分，而时针分别顺时走1、2、3个小时。

20. 先带羊过河，空手回来；再带一捆草，把羊带回来；然后把草带过河，空手回来；最后带羊过河。

第四章 高级篇

数学演算

1. 17920。（每个数字都等于它下面2个数字之积）

2. 第1个：÷、×；第2个：×、÷。

3. 6。（横向或是纵向数字之和都是15）

4. 42。（对角数字的乘积都是中间那个数字。）

5. B。（前2个数字相乘，再加上第3个数字等于第4个数字。）

6.

$$\begin{array}{r} 3\ 6\ 4\ 1 \\ +\ 1\ 3\ 4\ 6 \\ \hline 4\ 9\ 8\ 7 \end{array}$$

7. 在5个袋子里分别放入5枚硬币，再把这5个袋子一起放进第6个袋子里，这样每个袋子里的硬币个数就都是奇数，而且正好分完。

8. 2人，100元。每人出5元不够，改成每人出50元，增加的钱数是50－5＝45（元）。每人多拿出45元，刚好补足了不够的钱数90元，所以一共有90÷45＝2（人），狗的价钱是50＋50＝100（元）。

第四章 高级篇

9. 50岁。把乌龟5年前的岁数看作单位"1"，则现在为6，5年后为11。由题意知，乌龟今年的岁数是11×5−1×5=50（岁）

10. 132千米。这是一个相遇问题，最好画一个线段图。从9时到12时，快慢两车同时行驶了3小时，共同走了三个全程：100×3=300（千米）。快车比慢车多走36千米，所以慢车走过的路程为：（100×3−36)÷2=132（千米）

11.

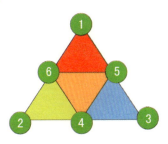

12. 120枝。6÷（1−$\frac{1}{3}$−$\frac{1}{4}$−$\frac{1}{5}$−$\frac{1}{6}$）=120

13. 小老虎先回到出发点。（小老虎跑完100米正好用了50跳，全程往返共用100跳。小狮子跳了33次，跑了99米，最后一米又要跳一次，往返总共跳了68次，等于小老虎跳102次。因此，当小狮

第四章 高级篇

子跳第67次时，小老虎已先回到了出发点）

14. 第96页和第97页。

15. 44岁。（如果注意到这位父亲年龄的一半和儿子的年龄相等，就会很容易得出父亲年龄是儿子年龄的2倍这一结论。）

16. 1/11。（假设现在有12毫升的冰，当冰融化后，变成水，体积减小1/12，也就是只剩下11毫升的水。当这11毫升的水再结成冰时，则又会变成12毫升的冰，对于水而言，正好增加了1/11。）

17. 9、1、5，8、3、4，7、2、6。（九个数字的总和是：1+2+3+…+9=45，把它们平均分成3组，且各组的和相等，那么每组的和应该是45÷3=15。要使每组3个数之和为15，那么7、8、9这3个数必须不能在同一组。包含9的一组，另2个数的和是6，所以只能是2、4或1、5。依此类推，答案便能得出。）

18. 1=5÷5×5÷5
2=5÷5+5÷5
3=（5+5+5）÷5
4=（5×5−5）÷5

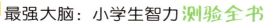
第四章 高级篇

$5=5+5×（5-5）$
$6=55÷5-5$

19. 1、2、3。（$1×2×3=6$
$1+2+3=6$）

20. ②的面积比较大。（先多用几根火柴棒把图形细分成小三角形。可以看到，图形①中有4个小三角形，而在图形②中却有5个小三角形）

21. 6。最后一行是上两行的平均数。

22. 将102改为10的2次方。

23. （1）$(3+3)÷3-3÷3=1$
（2）$3×3÷3-3÷3=2$
（3）$3×3÷3+3-3=3$
（4）$(3+3+3+3)÷3=4$
（5）$3÷3+3+3÷3=5$
（6）$3×3÷3+3-3=6$
（7）$3×3-(3+3)÷3=7$
（8）$3+3+3-3÷3=8$
（9）$3×3÷3+3+3=9$
（10）$3+3+3+3÷3=10$

24. 9。（每个方块的数字之和依次增加4，第4个方块数字之和为33，所以问号为9）

25. 504。（也许刚刚看见这道题会觉得很混乱，不知道如何解，

第四章 高级篇

慢慢想一想，结合题意来看，你会发现，其实这只是一道简单的乘法题。因为这个三位数既能被7整除，又能被8整除，又能被9整除，说明它同时是7、8、9的整倍数。所以，$7×8×9=504$）

26. 不能，因为题目中要求3个小朋友每人分得的苹果个数是双数，那么，双数+双数+双数，总数必须是双数，而7是单数，所以不能分。

趣味文字

1. 一潭死水 水落石出。

2. 八九不离十。

3. 雪。

4. 两月并连暗指"用"。老师是告诉将军这个年轻人可以用。

5. 章。

6. 灵机一动。

7. 马谡用兵——言过其实
王佐断臂——留一手
董卓进京——不怀好意
周瑜谋荆周——赔了夫人又折兵
徐庶进曹营——一言不发
周幽王点烽火台——千金一笑

第四章 高级篇

管仲进迷谷——靠老马识途

司马昭之心——路人皆知

关公面前舞大刀——献丑

曹刿论战——一鼓作气

8. A. 胖 B. 晶 C. 日 D. 柏

9. 各添一个"口"字，分别是"日""旦""亘""吾""电""舌"6个字。

10. 分别是口、日、目、田（昌）、吾（唱、冒）、晶、叱、只、曹、叶。

11.

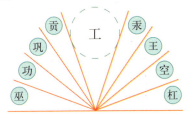

12. 天、夫、从、火、介、太、犬、仓、欠、认、木、以、今、仓、仄、久。

13. 闭、阔、问、间、闹、门、闯、闽、闻、闺、闻、阅。

14. 春天：莺歌燕舞　鸟语花香
夏天：鸟语蝉鸣　骄阳似火
秋天：天高云淡　五谷丰登
冬天：白雪皑皑　天寒地冻

第四章 高级篇

15. 生命在于运动。

16. 一手遮（天）昏地（暗）无天（日）久天（长）驱直（入）不敷（出）生入（死）不瞑（目）中无（人）尽其（才）疏志（大）打出（手）足之（情）急智（生）龙活（虎）落平（川）

17. 出生入（死）心塌（地）大物（博）大精（深）入浅出大难临（头）头是（道）西说（东）窗事（发）扬光大

18. ①旧，②出，③穷，④阅，⑤铁，⑥恩。

19.

	不	出	
不	可	言	状
说	一	不	二
	世	逊	

	不	说	
如	出	一	辙
无	所	不	为
	料	二	

20. （七）窍生烟－（六）畜兴旺＝（一）潭死水
（三）缄其口×（三）足鼎立＝（九）世之仇
（五）体投地＋（一）叶知秋＝（六）亲无靠
（一）针见血＋（三）顾茅庐＝

第四章 高级篇

（四）海升平

（七）步成诗－（六）亲不认＝（一）事无成

（三）生有幸＋（五）谷丰登＝（八）方呼应

（四）大皆空×（一）言为定＝（四）脚朝天

（万）劫不复÷（千）钧重负＝（十）年寒窗

名扬（四）海＋如出（一）辙＝目迷（五）色

（九）牛（一）毛＋（一）言（九）鼎＝（十）全（十）美

21. 雄心壮志——志士仁人——人山人海——海底捞月——月下老人

22. 《兵临城下》《元帅之死》。

23. 无中生有 急中生智

24. 赵明诚的诗是：秋江楚雁宿沙洲，雁宿沙洲浅水流。流水浅洲沙宿雁，洲沙宿雁楚江秋。

李清照的诗是：香莲碧水动风凉，水动风凉夏日长。长日夏凉风动水，凉风动水碧莲香。

第四章 高级篇

空间想象

1.

2.

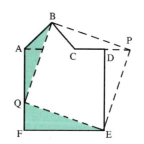

3.

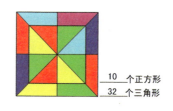

____10____ 个正方形
____32____ 个三角形

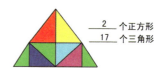

____2____ 个正方形
____17____ 个三角形

第四章 高级篇

第四章 高级篇

4.

5.

6.

（6）个

（6）个

（7）个

7. 略。

8. 如图：

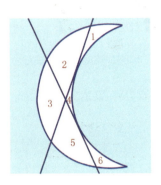

9. 如图：

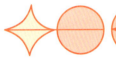

10. 不是。（这是"弗雷泽螺旋"，它是最有影响的幻觉图形之一。你所看到的好像是个螺旋，但其实它是一系列完整的同心圆。这幅图形如此巧妙，以至于会促使你的手指沿着错误的方向追寻它的轨迹。）

11. 把塑料管弯过来（如下图），使两端的管口相互对接起来，让四个白球滚过对接处，滚进另一端的管口，然后使塑料管两头分离，恢复原形，就可以把黑球取出来了。

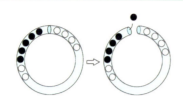

12. 箭头e和箭尾3是配对的。

13.

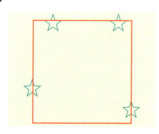

14.

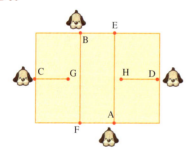

15. 只需2张。

16. 如图：

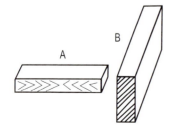

17. E。

18. B。（图形分别覆于彼此上方，并且交换颜色。两个图形重叠部分变为白色。）

19. 图③。

20. C。

21. A。

22. B。（观察原图立方体的左侧面的图案，即可排除A、D两个选项。观察原图立方体的顶面，则又可以排除C选项。）

23. D。

24. 后面、上面、左面。

图形综合

1. A和C。

2. C。（其他的图形旋转180°后都会得到一个完全相同的图形，只有C例外）

3.

4. G：7个三角形套起来 H：9个正方

第四章 高级篇

形套起来Ｚ：1个圆

每个图形都按图形角的个数增加。

5. B。（只有B没有形成三角形。）

6. C。（按顺时针方向看，数字等于前一个图形的边数。）

7.

8.

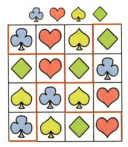

9.

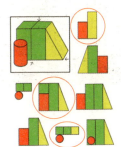

第四章 高级篇

10.

11.

12. 1、2、3可以一笔画出来，4、5、6不能一笔画出来。

13. 乙。

14. A：1、2、3　　B：2、3、4
C：1、3、4　　D：1、2、4

15. A。

16. 应填入 🌀 （排列规律为：从左上角开始，顺时针向内旋转）

17. B和E。

18. A。（规律是：脸部加一划；在脸部加一划和一根头发；加一根

第四章 高级篇

头发；在脸部加一划和加一根头发。如此反复。那么第8个图应是在第7个图上加一根头发）

19. C。

20. B的围栏最长。

21. D。

观察分析

1.

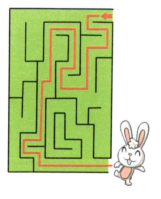

2. 女人的眼睛画错了，应是上眼睑短，下眼睑长；嘴巴的上唇和下唇颠倒过来了。

3.

4.

5.

6. 3个。（完全相同的格子是b1，j3，d5。）

7.

8. 图中有1棵树和5只鸟；还可以看作是一个女人的脸。

第四章 高级篇

9. 图中有9个人物。

10.

11.

12. 8种。

13. 字母D不在里面。

14. C。（小圆圈的数量等于多边形的边数，但只有C中的圆圈数量比边数多1。）

15. C。（在其他各组图中，最大的图形与最小的图形相同。）

16. B。（在该项中没有形成一个三角形。）

17. 5和8。

18. B。（只有此图中的横向和纵向线条数量相等。）

第四章 高级篇

19. 11个。

20. B。把A、B、C、D重新排列一下，就可以清楚地看出来了。如图：

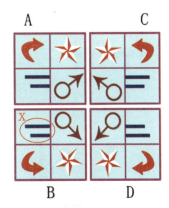

21. （1）e；（2）c；（3）d；（4）a；（5）f；（6）e。

22. 3、7、4。

动手创造

1.

2.

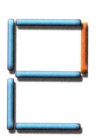

3.

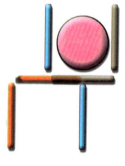

4. 按照下面的方式摆放，所有的火柴棍就都会彼此接触。如图：

5.

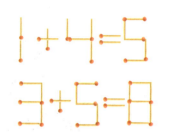

6. 略。

7. 略。

8. 略。

9. 略。

10. 略。

11.

12. 如图：

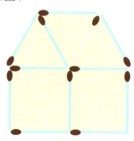

第四章 高级篇

13.

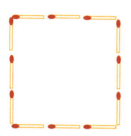

14.

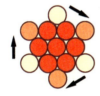

15.

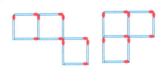

16.

12+1-2-7=4

17.

11+□=11

1+10□=11

1-10□≠11

第四章 高级篇

18.

19.

20.

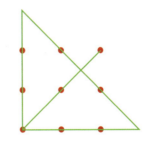

21. 一个大环和一个小环套在一起。